4·16구술증언록 단원고 2학년 5반 제2권

그날을 말하다

창현 아빠 이남석

이 도서의 국립중앙도서관 출판예정도서목록(CIP)은 서지정보유통지원시스템 홈페이지(http://seoji.nl.go.kr)와
국가자료공동목록시스템(http://www.nl.go.kr/kolisnet)에서 이용하실 수 있습니다.
CIP제어번호: CIP2019009624

4·16구술증언록 단원고 2학년 5반 제2권

그날을 말하다

창현 아빠 이남석

4·16기억저장소 기획 편집
(사) 4·16세월호참사가족협의회 지원 협조

한울

일러두기

1. 음절로 식별 가능한 소리를 들리는 대로 전사하는 것을 원칙으로 한다.

2. 의미를 파악하기 위해 추가 설명이 필요할 경우 [ ]로 표시한다.

3. 몸짓, 어조 등 비언어적 행위는 ( )로 표시한다.

4. 구술자가 말을 잇지 못해 말줄임표를 사용하는 경우 ……, …로 길고 짧음을 표시한다.

5. 비공개 영역은 〈비공개〉로 표시한다.

6. 비공개해야 하는 희생자 형제자매의 이름은 ○○, △△ 등의 도형기호로, 생존자의 이름은 A, B, C 등 알파벳 대문자로 표시한다.

7. 비공개해야 하는 제3자는 직분이나 소속, 성만 공개하고, 이름은 ××로 표시한다. 비공개해야 하는 숫자는 자릿수에 상관없이 □로 표시하며, 지명은 □□로 표시한다.

4·16기억저장소에서는 세월호 참사 5주기를 맞아 구술증언 수집 사업의 결과물 일부를 100권의 책으로 발간하게 되었습니다. 이 사업은 2015년 6월부터 다양한 학문 분야 구술 연구자들의 자발적인 참여로 진행되어 왔으며, 세월호 참사를 좀 더 정확하고 다각적으로 기록하고 기억하고자 하는 노력의 일환으로 수행되었습니다.

2014년 참사 발생 이후, 참사 피해자들의 목격담과 경험은 안타깝게도 공식적인 국가기관과 언론의 기록 속에서 철저히 소외되거나 왜곡되었습니다. 그것은 세월호 참사가 우리에게 안긴 죽음과 고통의 충격만큼이나 우리 사회의 끔찍한 비극이었습니다. 따라서 사업을 진행하면서 세월호 참사 희생자 가족, 생존자, 생존자 가족, 어민, 잠수사, 활동가, 기자 등등, 참사의 초기 과정을 직접 경험한 분들의 증언을 우선적으로 수집했습니다. 구술자는 이 사업의 취지와 방식에 개인적으로 동의한 분 중에서 선정했으며, 참여 과정에 어떠한 금전적 보상이나 이익이 제공되지 않았습니다. 또한 구술증언 수집 사업을 진행하는 동안, 면담자는 연구자이자 참사를 겪은 공동체 시민으로서 최대한 윤리적이고자 노력했습니다.

구술자마다 매회 약 2시간씩 3회를 원칙으로 음성 녹취와 영상 촬영을 하는 방식으로 진행되었고, 증언의 일관성을 확보하기 위해 면담자는 큰 틀에서 공통 질문지를 사용했습니다. 공통 질문지의 내용은 참사와 구술자 간의 관계성에 따라 차이가 있지만, 유가족 구술의 경우 1회차 '참사 이전의 삶, 팽목항과 진도에서의 경험, 자녀에 대한 기억'을, 2회차 '참사 이후 투쟁과 공동체 활동 경험'을, 3회차 '참사 이후 개인 및 가족이 경험한 삶의 변화와 깨달음, 자녀의 현재적 의미'를 중심으로 했습니다. 이처럼 증언 내용은 참사 이전에서 시작해 참사 발생 당시의 경험과 이후의 변화 과정까지 폭넓게 수집했고, 면담자는 구술 채록 과정에서 구술자의 발화를 최대한 존중하고자 했으며, 무엇보다 각자의 특수한 경험과 다른 시각을 충실히 반영하고자 했습니다.

이 구술증언록의 발간을 위해, 채록된 음성 자료는 문서로 변환해 구술자와 함께 검토했고, 현재 시점에서 공개할 수 있는 영역과 할 수 없는 영역으로 구별했습니다. 따라서 책에 실린 내용은 모두 구술자로부터 공개를 허락받은 부분입니다. 비공개 영역은 추후 구술자의 동의를 받아 적절한 절차를 거쳐 추가로 공개될 수 있으리라 생각합니다.

이 구술증언록 100권에는 그동안 우리 사회에 왜곡되어 알려지거나 잘 알려지지 않았던, 참사 발생 직후 팽목항과 진도 혹은 바다에서의 초기 상황에 관한 중요한 증언이 포함되어 있습니다. 또한, 자녀를 잃는 잔인하고 애통한 상황을 겪으면서도 그 누구보다 강인한 정치적 주체로 성장할 수밖에 없었던 유가족의 마음과 경험을 구체적으로, 그리고 여러 각도에서 살펴볼 수 있습니다. 그 외에도, 이 구술증언록은 2014년을 전후한 한국 사회의 여러 측면을 드러내는 귀중한 자료가 되리라고 생각합니다. 무엇보다 국내외의 많은 분이 이 책을 읽어, 장차 세월호 참사의 진상 규명과 역사 서술에 기여할 수 있기를 바랍니다.

구술증언 수집 사업이 진행되고, 책으로 출간되기까지 많은 분의 도움과 지지가 있었습니다. 이 지면을 빌려 부족하나마 감사의 말씀을 전하고자 합니다.

먼저 (사)4·16세월호참사가족협의회와 4·16기억저장소에 감사를 드립니다. 이분들의 신뢰와 적극적인 협조가 없었다면, 이 사업은 처음부터 시작할 수조차 없었을 것입니다. 또한 어려운 정치 환경 속에서도 사업의 취지에 공감해 재정 지원을 결정해 준 아름다운가게와 역사문제연구소에 감사드립니다. 두 단체 덕분에, 이 사업을 4년 동안 계속해 올 수 있었습니다. 그리고 구술증언록 100권의 발간에 동의하고, 바쁜 일정에도 출판 실무를 기꺼이 맡아주신 한울엠플러스(주)에도 감사를 드립니다. 이 외에도 많은 개인과 단체가 직간접적으로 많은 도움을 주시고 격려해 주셨습니다. 여기에 모두 밝히지 못하는 것을 죄송하게 생각합니다.

　말할 필요도 없이, 가장 크고 또 가슴 아픈 감사는 구술자 한 분한 분께 드리고자 합니다. 이 책이 발간될 수 있었던 것은, 무엇보다 용기를 내어 아픔과 고통의 기억을 다시 떠올리고 장시간 진심으로 이야기를 해주신 구술자가 있었기 때문입니다. 오랜 시간 이야기를 나누며 함께 공감하기도 했지만, 그 아픔과 고통을 어떻게 가늠할 수 있을까 싶습니다. 더 큰 도움이 되지 못함을 안타까워하며, 이 구술증언록 100권의 발간이 피해자분들에게 조금이라도 위로가 될 수 있기를 기원합니다.

2019년 4월

4·16기억저장소 구술팀 책임자
서울대학교 인류학과 교수 이현정

차례

■ 1회차 ■

창현 아빠 이남석

구술자 이남석은 단원고 2학년 5반 고 이창현의 아빠다. 창현이를 보낸 이후 슬프고 힘들
지만, 여러 사람들에게 받은 도움을 갚기 위해 작지만 늘 베푸는 삶을 살고자 한다. 구술자
는 바리스타 자격을 따서 손수 내린 커피를 사람들과 나누며 4·16합창단에서 활발하게 활
동하고 있다.

이남석의 구술 면담은 2015년 9월 1일, 8일, 14일, 그리고 2019년 2월 26일 4회에 걸쳐 총
5시간 30분 동안 진행되었다. 면담자는 김향수·김익한이었으며, 촬영자는 김혜원·김향수·
강재성이었다.

구술자 본인의 프라이버시나 제3자의 프라이버시를 보호해야 할 부분을 제외하고는 구술
자의 발화를 있는 그대로 전사했다.

1회차

2015년 9월 1일

1
시작 인사말

면담자   본 구술증언은 4·16 사건에 대한 참여자들의 경험과 기억을 기록으로 남김으로써 이후 진상 규명 및 역사 기술에 기여하고자 합니다. 지금부터 이남석 씨의 증언을 시작하겠습니다. 오늘은 2015년 9월 1일이며, 장소는 안산시 단원구 글로벌다문화센터입니다. 면담자는 김향수이며, 촬영자는 김혜원입니다.

2
구술 참여 동기와 안산 정착

면담자   아버님, 어떤 동기로 구술에 참여하셨는지부터 말씀 부탁드립니다.

창현 아빠   글쎄, 저는 뭐 처음부터 끝까지 이 세월호의 참사에 대해서는 그 어느 누구가 됐든 간에 국민들한테 알리고 싶은 마음이 간절합니다, 사실. 그래서 어느 매체든 누구든 간에 세월호의 참상에 대해서는 좀 많이 알리고 싶어요. 간담회도 좀 많이 다녔고 많은 사람들에게 그런 얘기도 하고, 내가 할 수 있는 뭐 카스[카카오스토리]라든가, 또는 어디 가서 인터뷰 요청하면 세월호에 대해서는 많이 알리고 싶은 그런 마음입니다. 왜냐면 또 다시 가족을 잃는 슬픔을, 겪어보지 않고서는 그 얼마만큼 아픈지를 사실… 그 뭐

짐작도 아마 안 갈 것 같습니다. 그렇기 때문에 나 같은 참사를 당하는, 그런 그 가족을 잃는 분들이 더 이상 안 나왔으면 하는 바람에서 이렇게 세월호 얘기를 많이 하고 있는 편입니다.

면담자　　　어머님도 함께 오셨어요. 좀 어떤 마음으로 오셨는지요?

창현 엄마　　제[는] 이런 건지 잘 모르고…….

면담자　　　(웃으며) 아버님이 함께 오자고…?

창현 엄마　　해가지고….

면담자　　　되게 닮으셨어요, 두 분(웃음). 오늘 이 '기록이 어떻게 활용됐으면 좋겠다' 이런 좀 제안을 해주시면 저희도 좀…….

창현 아빠　　글쎄, 이 세월호 참사가 제일 중요한 것은 그 원인 규명부터 해서 어떻게 해서 참사가 일어났으며, 책임자를 처벌하고 또 다시 이런 참사가 안 일어날 수 있도록 그 조치를 만드는 것이지 않을까요? 책임자를 처벌하는 이유는 또 다시 이런 참사가 일어나면 안 되기 때문에 분명히 처벌을 해야 되고, 안전한 나라를 만드는 데 국가와 정부는 당연히 그 일에 대해서 철저하게 준비해서 해야 할 것 같습니다.

면담자　　　네. 저희가 오늘은 4·16 이전의 삶에 대해 좀 많이 여쭤보려 합니다. 언제 안산에 처음 오게 되셨는지요?

창현 아빠　　어…….

창현 엄마   99년.

창현 아빠   99년인가요? 그래, 99년에 온 것 같습니다. 잠깐 그 등본인가 떼보니까 99년으로 돼 있더라고요. 어떻게 보면 참 얼마나 바삐 살았는지… 사실상 그런, 사실 뭐 이런 기억 같은 거 하면서 살지 못한 것 같아요. 그냥 매일 다람쥐 쳇바퀴 돌듯 밤에 죽어라 뛰면서 돈 벌고, 밤에 일했으니까 낮에는 자고. 그러면서 하루하루가 어떻게 보면은 참 그 뒤돌아보지도 못하고 여유도 못 갖고, 어떠한 기념일이라든가 행사라든가 가족의 소중한 그런 모임 같은 것도 참 못 갖고. 친구들 말이 저희 나이 한 50대니까 어떻게 보면 좀 여유도 갖고 사는 그런 그 나이도 됐는데, 사실 동창회도 많이 하지만 동창회도 제대로 한 번 나가지 못했어요. 그만큼 '여유 없이 살지 않았나' 그런 생각도 듭니다.

면담자   어떤 일을 하셨는지요?

창현 아빠   아, 글쎄 뭐 안산 와가지고는 대리운전 한 11년, 12년 차 이렇게 조그맣게, 그 사업이라고까진 제가 표현하긴 좀 그렇고. 그냥 콜이 많진 않지만 하루에 한 20콜 정도, 적게는 10콜 정도 오는데, 그 콜 가지고는 도저히 생계가 안 되니까 창현이 엄마하고 같이, 저는 앞에 손님 모시고 가면 창현이 엄마는 뒤에 쫓아와서 다음 또 일 잡기 위해서 같이 밤늦게[까지 직접 대리운전을 했어요], 여유 없이 그냥 산 것 같아요.

면담자   어머님은 낮에 아이들 챙기시고 밤늦게까지 일하시면 힘들고 피곤하셨을 것 같은데요.

창현 엄마   … 예, 그렇죠.

면담자   애들 어렸을 때도 같이 하신 거예요? 언제부터 같이 하셨나요?

창현 엄마   어렸을 때, 어렸을 때부터 했죠 ….

면담자   언제 결혼하셨는지 여쭤봐도 될까요?

창현 아빠   95년.

면담자   95년.

창현 아빠   예.

면담자   창현이 누나가 있는데, 누나는 96년생, 95년생인 가요?

창현 엄마   95년생.

면담자   네, 그렇구나. 안산으로 오시게 된 계기가 따로 있으셨어요? 원래 어디에 사셨나요?

창현 아빠   제가 그전에는 가구 세일즈를 했습니다, 가구 세일즈를 했는데. 그때 결혼하고 제가 살던 집에서 그냥, 어떻게 보면 신혼살림을 했어요. 그니까 총각 때 혼자 살던 집이니까, 그런 단칸방이죠. 방 하나에서 살았는데, 애도 있고 그러니까 좀 넓은 집으로 이사 가고 싶었는데 사실상 제가 그때 벌어놓은 돈도 없었고,

그래서 어떻게 하다 보니까 지인을 통해서 안산에 좀 [큰집이 있다고 해서 오게 됐어요]. 이 뭐, 집은 크더라고요. 저는 사실 큰 집은 원친 않았는데, 안다 해가지고 저렴한 가격으로, 그래서 어떻게 보면은 시흥시에 살다가 집 구하다[가] 안산으로 온 다음에 정착을 했습니다.

면담자　　　예. 따로 직장 외에 종교 모임이나 아니면 학부모모임, (웃으며) 녹색어머니회라든지 이런 모임에서 활동하신 적은 있으세요?

창현 엄마　　　학교에 별로 신경 못 썼어요, 애들. 잘못한 부분인 것 같은데⋯⋯ (면담자 : 예) 지금에 와서 생각해 보면 밤에 일을 하는 게 아니었는데⋯ 애를 케어하지 못한 게 제일 후회스럽고⋯. 그리고 엄마가 어렸을 때 해줄 일이 참 많은 것 같은데, 저녁에 잠자는 것을 지켜보지 못한 부분, 너무 큰 것 같아요, 잘못한 부분이. 그 부분 어떻게 뭘로도 채워질 수 없는 부분인데, 엄마 외에는, 부모 외에는. 근데 그 부분을 못 채워줘서 애들한테 좀⋯⋯.

3
창현이와 누나 이야기

창현 엄마　　　그니까 저는 생각하지 못한 갈등들이 있었어요. 큰애도 그렇고, 지금 와서 보면 누나도 그렇고, 창현이도 그렇고. 밤에 엄마의 손길이 미치지 못한 부분이…….

면담자   어떤 갈등이었는지 여쭤도 될까요?

창현 엄마   사춘기라고 많이 하는데 애들 성장에도…… 사실 키, 키도, 육체적인 면도 그렇고 정신적인 면도 그렇고, 그니까 엄마의 사랑을 받지 못한 부분이 있더라고요, 나타나더라고요 그런 부분이. 그니까 지금은 '어떤 신혼부부가 저녁에 일을 한다' 그러면 다 제쳐놓고 말리고 싶어요. "돈이 절대로 중요한 게 아니고 그 시간에, 애들하고 같이 있어야 할 시기에 같이 있어야 된다"[고] 얘기하고 싶은데. 어쩔 때는 저녁밥도 못 차려주고 그냥 나오고, 애들이 초등학교 고학년, 중학교 들어가면서는 학원도 다니고 하니까…… 저녁에 얼굴 못 보고 그냥 지네끼리 밥 먹고 자고 그러면서 밤늦게까지 TV 보고 막 게임하고 이런 습관들, 그다음에 먹는 것도 지네 먹고 싶은 대로 먹는 것들…, 것보다 더 중요한 거는 엄마의 빈자리가 있더라고요. 애들 마음에 있고, 그게 계속 성장하면서도 보였었어요, 그게 둘 다 사춘기를 겪어서. '잘했다. 그때는 잘하는 거다'라고 생각을 했는데 제일 잘못한 부분이더라고요. 아이들의 잠자리를 지켜주지 못하고, 이렇게 밤에 같이 있지 못했던 부분이 잘못한 부분이라는… 제일 후회스럽고…. 그래서 창현이하고도 갈등이 심했던 것 같아요, 그 부분 채워지지 않는 부분이 있어서.

그러면서 저는 또 교회를 다녔기 때문에 교회 안에 묶어놓으려 했었거든요. 교회 안, 교회 밖으로 벗어나지 못하게 하고 … 그니까 밤에는 한없이 지네끼리는 자유로웠어요. 그런 자유를 누리다가 종교적인 틀로 그 모든 것들을 가두려고 하니까 [갈등이 생길 수밖에 없었죠]. 이미 걔네들은 자유로운 게 뭔지를 [알았던 거 같아요]. 지네 둘이 다 결정하고, 둘이는 상당히 가까웠어요, 친했죠. 근데 엄마, 아빠는 전혀 이해하지 못할 면들이 너무나 많았고. 그래도 결혼 전부터 애들 교육에 대해서 생각을 많이 했었는데, 정말 잘 키우고 싶은 마음이 있었는데…… . 제가 기독교인인데, 교회에서 가르치는 그런 것들이 틀린 건 아닌데, 방법적인 면에서 더 내가 폭넓게 찾아보고 그랬어야 되는데 그냥 교회 안에만 가둬놓으려고 했던 게 그것도 큰 잘못인 것 같고, 후회스럽죠, 그런 부분이. 저녁에 채워지지 못한 부분, 그다음에 종교 안에, 기독교 안에 가둬놓으려고 했던 부분이 제일 잘못한 것 같아요.

면담자 　　어머니도 그래서 아침 시간이나 주말에 좀 더 많이 신경을 쓰셨을 것 같은데요.

창현 엄마 　　했어야 되는데(웃으며) 교회 가야 되니까 [그것도 잘 못 했어요]…… .

면담자 　　같이 교회를 갔나요?

창현 엄마 　　예, 안 가면은 안 되는 걸로 둘 다 어렸을 때부터 그 거는 못 박아놔서… [그런데 그게] 잘한 게 아니더라고요. '그렇게 해야 된다'고 가르쳤는데 지나놓고 보니까 폭넓은 경험을 시켜줬어야 했는데, 그러려면 최소한 나라도 밤에 일을 안 했어야 되고. 환경이, 환경이 그렇게 돼버렸어요. 저도 환경 때문에 어쩔 수 없다고 그냥 핑계 대면서 그렇게… 학년이 올라갈수록, 고학년이 될수록 애들하고 갈등이 표출되는데, 그니까 엄마가 있어야 될 때 없…… 있어줘야, 같이 있어줬어야 할 때 없었으니까 그 부분에 대해서 다투다 보면 불쑥불쑥 튀어나오죠, 아이들이(웃음). 해준 것도 없으면서….

면담자　　　한창 사춘기여서 더 그랬을 것 같아요.

창현 엄마　　뭔가를 결정할 때도(한숨) '자유롭게 놔뒀다'고 지 누나는 그렇더라고요. 지네 친구들 부모를 보면 엄마가 결정해 주는 대로 다, 부모들이 거의 결정해 주는 대로 갔는데 우리는 그건 아니었던 것 같아요. 자유롭게 선택하게 하고 그렇긴 했는데, 그 부분도 좀 더 밀착해서 케어를 해주고 잘 인도를 해줬다면 [하는] 그런 아쉬움이 더 많고, 학교를 자주 못 간 것도 미안하고…. 왜냐하면 그 시간에 자야 되니까, 겨우 학교 보내니까. 아침에 일어나서 학교 보내는 것만도 나는 한 3시간 자다가 일어나서 학교 보냈어야 되니까 힘들어서 그냥 … 그렇게 지냈는데…….

면담자　　　큰애가 누나여서 더 잘 챙길 거라고 좀 생각을 하셨을 것 같아요, 아닌가요?

창현 엄마　　(웃으며) 그렇죠. 〈비공개〉

면담자　　　2살 차이면 더 각별하게 잘 지냈을 것 같은데요. 싸우기도 많이 싸우지만.

창현 엄마　　싸우기도 많이 싸우고…… 그냥 둘이 절친이더라고요, 나중에 보니까. 사춘기 때니까 둘이도 많이 싸웠죠. 학년이 올라갈수록 둘이도 많이 싸웠는데 엄마, 아빠하고 통하지 않는 부분… 둘이 통해서 우리하고 창현이가 말이 안 될 때 ○○이가 중간에서 딱 중재역할을 해주고 그런 부분이 '둘이 훨씬 가까웠구나, 우리보다' 그런 생각이 들고. 지금 부모의 아픔만 이렇게 드러나는데 그렇지 않은 것 같아요. 오히려 애들끼리 형제자매의 아픔이 더 클 수도 있겠다, 지네끼리 그렇게, 밤에 지네끼리 더 가까웠으면 친구 이상으로, 부모보다 더 상처가 클 수 있겠다, 실제로 큰 거 같기도 해요. 근데 말은 못 해요.

면담자　　누나는 대학 때문에 아까 □□에 내려가 있다고….기숙사 생활 하는 건가요?

창현 엄마　　자취방 얻어줬어요. 어제 데려다주고 오늘부터 학교 가요.

창현 아빠　　휴학했어요, 한 학기.

면담자　　한 학기 휴학이요?

창현 아빠　　1학기 휴학했고 지금 개학해 가지고 데려다줬죠. 기숙사에 좀 있었으면 하는 바람도 있었는데, 한 학기는 기숙사에 있었고 한 학기는 집에서 다녔거든요. 근데 기숙사면은 어느 정도 좀 틀에 갇힌 규제가 있으니까. 글쎄요, 아빠 닮아서 그런지 몰라도 좀 자유분방한 게 있어서 그런지 몰라도 "기숙사 생활은 싫다" 그 래서는 자취방 얻어가지고…….

면담자   기숙사는 아무래도 친구와 같이 방을 써야 되니 까…. 혹시 휴학은 왜 했는지 여쭤봐도 되나요?

창현 아빠   참사 있고 그때 휴학한다 했는데 저하고 창현이 엄 마하고 "힘들지만 그냥 학교 다녔으면 좋겠다" 그래서 뭐… 또 이 렇게 지인들, 교회 전도사라든가 이런 분들 좀 많이 케어를 해줘서 힘들게 1학년을 마쳤죠. 조건을 달더라고, "그러면은 2학년 올라가 서 좀 휴학하겠다"[고요]. 너무 본인도 힘들고 그러니까. "그래, 한 번 그때 가서 다시, 정 힘들면은 니 뜻대로 해라", 그렇게 해서 2학 년 1학기 때는 휴학을 했습니다.

면담자   집에서 계속 지냈나요?

창현 아빠   집에서 있었고, 본인이 그 좀 많이 힘들어 가지고 "여행 좀 하고 싶다"고 해서 여행도 좀 다녔고, 혼자. 그랬습니다.

4
4·16 이전 일상

면담자   아까 잠깐 얘기하셨는데 보통의 하루 일상, 이전에는 몇 시경에 일어나서 어떻게 하루를 보내셨는지요?

창현 아빠   4·16 참사 [이후]요? (면담자 : 아니, 이전에요) 이전에?
일 끝나고 집에 들어오면 요일마다 다르지만 보통 한 3시 정도에
요. 새벽 3시에 저는 씻고 집사람이 저녁 차려주면은 그때 저녁이
죠. 저녁 먹고 컴퓨터로 뉴스 좀 검색하고, 내가 스포츠도 좋아하
니까 프리미어 리그 같은 거, 주말 되면은 축구 그런 거 조금씩 보
고, 그럼 좀 일찍 자면은 한 5시, 늦게 자면은 새벽 6시 자죠. 집사
람은 아이들 학교 갈 때 일어나서 애들 밥을 차려주는데, 밥을 안
먹으니까 그냥 간단하게 뭐 마실 거 챙겨주고 저는 계속 자죠. 그
리고 글쎄, 특별한 일정이 없으면 그냥 시간에 구애 안 받고 자요.
　그러면 오후 1시나 2시쯤 일어나면 간단하게 요기 좀 하죠. 요
기하고 그다음에 햇빛을 못 보니까 나가서 한 2시간 정도 햇빛 좀
보고, 그리고 한 4시 정도 되면은 일 준비하는 거죠. 씻고 준비하고
이것저것 챙기고 그러면 5시나 6시쯤, 5시 반이나 6시쯤에 식사를
하죠. 식사하면서 일 준비는 시작합니다, 그때부터. 지금은 카카오
택시들 많이 부르기도 하고 [대리] 기사[들]도 타죠. 그러면은 저희
들은 부르는 게 아니고 찾아가는 입장이니까 그 스마트폰으로 해
서 세팅해 놓고, 그러면 집 근처에서 콜이 뜨면 밥 먹고 그때부터
기다리죠, 콜 잡히기만. 그렇게 해서 어떨 때는 식사 끝날 때쯤 되
면… 어차피 제대로 식사도 못 하고, 내가 선택하는 거니까 한 푼
이라도 더 벌려고 부리나케 나갈 때도 있고, 반대로 일이 안 잡히
면은 한 7시, 8시까지 있다가 첫 콜 잡을 때도 있고. 그렇게 해서

한 11시나, 밤 11시나 12시쯤 되면 출출하니까 [요기를 해야 하는데] 어디 식당 들어가서 밥 먹기[가 쉽지 않아요]. 사실상 시간이 돈이기 때문에, 또 그 시간쯤 되면은 상당히 콜이 많이 떠요, 한 푼이라도 더 벌려고 주로 먹는 게 차 안에서 김밥. 가면서도 먹고 그러니까, 그때 김밥 사서 이동하면서 요기도 채우고…. 그러고 끝나면 새벽 3시에 집에. 똑같은 일상으로 들어가죠.

면담자   어머니, 그 사이사이에 또 가사 일도 하셨을 것 같은데요.

창현 엄마   그렇죠(웃음).

면담자   그러면 주말도 비슷하게 지내셨나요?

창현 아빠   교회를 다니니까 토요일 저녁은 12시쯤 마치고 들어와요. 다음 날 집사람이 원체 교회에 열심히 봉사하고, 또 가서 하나님을 섬기는 그런 일을 하기 때문에 토요일은 좀 일찍 가자 그래서 일찍 오죠. 좀 더 숙면도 취하고, 다음 날을 위해서. 그러고 주일은 교회 안 가면 뭐 하늘이 무너질 정도로 얘기하니까, 집사람한테 꽉 잡혀가지고, 그때 결혼하고 꼬임에 넘어가서 교회 다녔고, 지금도 교회 다니고 있습니다.

면담자   어머님, 신앙생활 언제부터 시작하신 건가요? 모태 신앙이셨나요?

창현 엄마   아니에요. 저 시골에서 초등학교, 초등학교죠? 예.

면담자   계기가 따로 있으신지요.

창현 엄마   그냥, 우리 시골 동네에 그때 애들 많았는데, 다 애들이 교회[에 다녔어요]. 어떤 집사님이 계셨어요, 정말 열심인. 새벽 기도부터 시작해서 그분의 영향력이 온 동네에 미쳤더라고요. 한 분이 그냥 [영향을 미쳐서] 동네 사람이……, 애들은 특히 다 [교회를 다니게 된 거예요]. 그때는 다른 문화가 없었어요, 노는 문화가. 문화적으로도 교회가 제일 앞서갔고 교회 가면 좀 먹을 것도 주고 찬송, 찬양 이런 노래도 가르쳐주고 율동도 가르쳐주고 이런 게 세상보다 앞서갔거든요, 재밌었거든요. 그때 애들끼리 다니게 된 게 [시작이 되어서] 계속 다닌 거죠.

면담자   고향이 어디신지요.

창현 엄마   전북 진안.

면담자   진안이요? 아, 그렇구나.

창현 엄마   장수마을, 네.

면담자   그러면 언제 서울 쪽으로 오셨어요? 안산이나 이렇게…….

창현 엄마   아…, 고등학교 졸업하고 취업에 들어간 거죠.

면담자   어떤 일을 하셨나요.

창현 엄마   안산에 그때 공장에 있었죠. 그러다가 7년 일하다가 그만두고 언니네 가게 좀 도와주다가 창현 아빠 만나가지고, 그때는 부천인가? 부천에서 소개로 만나가지고.

면담자   결혼하고부터는 같이 신앙생활을 하셨고요. 혹시 주말에 교회 갔다 오고 나서 다시 또 일을 하신 거예요? 아니면 주일에는 쉬셨나요?

창현 엄마   쉬는 거죠.

5
창현이와의 일화

면담자   그러면 주일에는 아이들과 많이 시간 같이 보내고 그랬을 것 같은데요.

창현 엄마   별로 안 그랬어요. 지네끼리 노는 게 [익숙했던 거 같아요]. 그니까 어렸을 [때부터] 얘네들은 참 많이 놀았어요. 동네 친구들이랑 낮이면 놀아요, 학교 갔다 오면…… 학원도 초등학교 때 피아노만 다니고 거의 공부 학원은 안 보냈었어요. 큰애는 고2 때 드럼 한다 그래서 드럼학원, 실용음악과를 간다고 학원 보내달라 그래서 보냈었는데요. 그거 외에 별로 학원 같은 거 강요를 안 해서, 맨날 나가서 노는 게 둘 다 습관이 돼서. 엄마, 아빠가, 낮에 엄마, 아빠는 거의 자니까 지네도 지네끼리 알아서 같이 놀고.

면담자   성격이 좋았을 것 같아요. 친구들이랑 잘 어울리고 논다는 것은요.

창현 엄마   창현이는 엄청 다쳐 왔어요. 무릎 까지고 담 넘다가 여기 찢어지고 막 이렇게……. 그때부터 친구들하고 노는 게 재밌어서 그런지 그렇게 친구들을 좋아하더라고요. 둘 다 그래요, 둘 다. 친구가 제일, 엄마, 아빠보다 중요하고 그랬던 것 같아요.

면담자   저희도 큰애가 7살인데 벌써 안 놀려고 해요. 아빠가 집에서 기다린다 그래도 안 들어가요. 아무래도 또래끼리 맞는 게 있으니까.

창현 엄마   네.

면담자   그러면 창현이와 함께 했던 것 중에 기억에 남는 일화를 말씀해 주세요.

창현 엄마   기억에 남는… 물을 무서워했는데, ○○이가 빠졌었지… 시골에 몸조리하러 갔을 때, 그니까 둘째 창현이 낳고 갔는데 시골에는 우물이 있어요. 애들끼리 꼬맹이들끼리 놀다가 어른 키, 어른 키도 안 될 거야, 허리쯤 되는데 애들은 쏙 들어가서… 아유, 풍덩 빠져가지고. 그때 ○○이가 몇 살이었지? 3살? 3살 때고.

창현 아빠   3살이지?

창현 엄마   3살이네. 2살 많은 친척이 구해줘 가지고, 아니[었으]면, 어른들이 없었으니까, (면담자 : 자기들끼리 놀다가) 어떻게 됐을 텐데, 2살 많은 애가 구해줘서 살아났고. 아, 창현인 또… 안산에 이사 와서 처음 교회에 갔는데 연못이 있었어요. 거기에 열대어, 큰 물고기를 많이 키우고 있었어요. 그래 가지고 주일날에 교회 갔다가 그때도 창현이 3살 때인가 보다, 이렇게 보다가 거기도 또 풍당 빠져가지고……. 그때는 또 목사님이 설교하시던 그 양복 그대로 그냥 들어가서 구해주셨어요. 전에 애현교회 그 자리에 있었는데 지금은 다 메워버렸어요, 그 이후에 어떤 사고가 있었는지 모르겠는데. 아무튼 풍당 빠져가지고 그 뒤로 물을 참 무서워했었는데, 그 기억 때문에 그런가 봐요. 여름에 어쩌다가 가족끼리 여행 가면 처음에는 디게 무서워했었어요. 근데 어떤 계기가… 아, 친구들하고 그 여기 올림픽기념관에 수영장이 있어요, 안산 이 근처죠, 지금도 있고. 친구끼리 여름방학 때 수영하러 자주 다녔거든요. 수영도 배우고 그때부터 자신이 붙어서 물을 별로 안 무서워하는데, 방학 되면 수영장 가고 그렇게. 친구들끼리 버스 타고 수영장 다니는 게 참 재밌었던 것 같아요 걔는, 지금 생각해 보면.

면담자 몇 학년부터 수영을 배웠나요.

창현 엄마 3, 4학년? 친구끼리 가니까.

면담자 아버님은 기억 혹시 남는, 창현이와 일화 없으세요?

창현 아빠 그… 어렸을 때부터 글쎄요, 겁이 많은 건지 모르겠지만 어디 외국 교회에서 그 선교를 가는데 비행기 타고 가니까 그런 말을 가끔 하더라고요. "비행기 가다 떨어지면 어떡해", "배가 타다가, 배 타고 가다가 배가 뒤집어지면 어떡해", 그런 얘기를 하더라고요. 그래서 제가 이런 얘길 했죠. "자동차도 수도 없이 많이 사고 나고 그러는데, 아마 아빠가 알기로는 비행기가 제일 안전하다. 물론 비행기가 한 번 사고나면은 많은 사람들이 그… 거의 다 사망하기 때문에 상당히 위험한 걸로 알고 있는데 사실상은 비행기가 제일 안전하다". 그리고 이게 그렇죠, 배 타는 것도 사실상 어떻게 보면 뒤집어지면 위험하니까.

그리고 어떻게 보면은 글쎄요, '이 나라가 이렇게 안전에 대해서 불감증이 있기 때문에 창현이가 그런 얘길 하지 않았나', '어떠한 그 저한테 암시를 주기 위해서 그런 얘기를 하지 않았나' 그런 생각도 들기도 하고요. 그 배 타기 전에 꼭 배에 대해서 안전수칙을 내가 해줬으면은 참 좋았을 텐데, 그렇게 못 해준 게 제일 그 안타까운 일이거든요. 제가 창현이 친구라든가 다른 친구들한테 '택시 탈 때 어떻게어떻게 타야 한다' 그 안전수칙 같은 거에 대해서 많이 알려줬거든요. 근데 정작 우리 아이들한테는 그런 거 못 알려준 게 너무너무 안타까워요. 〈타이타닉〉 영화를 보면서 그런 생각을 많이 했어요. 물론 뭐 제가 그 배에 탔다면… 〈타이타닉〉 주인공이 맨 마지막에 침몰 직전에 바다로 뛰어들면서, 타이타닉호하고 멀리 벗어나기 위해서 수영을 하잖아요. 그런 것까지 좀 세밀하게 좀 알려줄 수 있었을 텐데 왜 못 알려줬을까, 그런 아쉬움도 있고 그래요.

면담자   〈타이타닉〉 영화는 참사 이후에 보신 거예요? 아니면 그 전에 보신 건가요?

창현 아빠   그렇죠. 아니, 전에 봤어요, 전에.

면담자   전에 보셨던 그 영화가 다시 생각이 많이 나셨나
봐요.

창현 아빠   그렇죠. 사실 성인이라 그런지 몰라도 배가 이상이
있으면 갑판에 올라오는 게 제일 첫 번째잖아요. 그러면 구명조끼
입고 구명보트 탈 수 있으면 구명보트 타는 게 제일 우선이고. 만
약에 그게 안 됐을 때는 저체온으로 제일 많이 죽잖아요. 그렇기
때문에 최대한 저체온증을 피하려면 배가 침몰하기 최후까지 있다
가 탈출을 하는 것이, 남이 구조를 안 했을 경우에는 그래야만이
저체온으로부터 내가 최대한 오래 버틸 수 있는 그런 시간이기 때
문에 '배에서도 최대한 있을 수 있는 만큼 버티다가 최후에 탈출하
는 것이 저체온으로부터 나를 보호할 수 있는 가장 유일한 방법이
다', 이런 거를 좀 알려주고 싶었는데 정녕[정작] 중요한 우리 가족
한테 좀 못 알려준 게 너무 안타까워요.

6
아이들에 대한 교육관

면담자   창현이나 누나 양육하면서 무엇을 가장 중요하게 생
각하셨어요?

창현 아빠   〈비공개〉"남들보다 약속시간을 먼저 가서 니가 친구들을 좀 맞이해 줘라" 그런 얘기 많이 하고 또 "좀 부지런하게 움직여라. 아빠 경험상 니가 어느 회사를 들어갔을 때 남들보다 10분 먼저 가서 정리정돈 좀 하고 할 거 있으면 하면은, 물론 대표들은 좀 늦게 나오는데 1년 내내 늦게 나오는 거 아니다. 1년에 몇 번이 될지 모르겠지만은 언젠가는 일찍 와서 누가 어떻게 하는지 다 본다. 니가 항시 남들보다 일찍 와서 그런 일 한다면은 아빠가 오너여도 그런 직원들 이뻐할 거다. 열심히 사는 사람들한테 그런 기회도 주어지고 그런 직원들한테 최대한 배려를 할 거다. 어떻게 보면은 니가 사회에서 살아가는, 도움이 되는 그런 사회생활이 되지 않을까?" 그런 얘기를 좀 가끔 해요.

면담자   부지런하고 성실함을 많이 강조하셨네요.

창현 아빠   예. 창현이는 약속 같은 거는 그렇게 막 미리미리 [가는 편이었요], 부지런해요. 〈비공개〉 씻는 것도 뭐 하루에 몇 번씩 씻고 또 깔끔 떨고, 자기 책상에 조금 이렇게 아빠 물건 같은 거 있으면은 막 [뭐라 그러고], 예, 자기가 있던 [놓아두었던] 자리가 좀 아니면은 건드렸냐고 물어보고 뭐 없어지면 바로 알아가지고 얘기하고, 그렇게 좀 융통성이 약간 없다고 말해야 하나, 이렇게 그래요. 엄마, 아빠랑 얘기할 때도 나는 부모잖아요, 창현이는 자식이고. 그러면 자식이면 부모한테 [부모가] 당연히 그 존경의 대상, 공경의 대상인데 엄마, 아빠가 잘못하면은 꼭 그걸 따져가지고 "아빠도 잘

못했잖아" 하면서 자기한테 꼭 사과를 하라고…. 저도 어떨 땐 꼬라지 나가지고 "못 한다" 하면서 가끔 언성을 높여서 다툴 때도 있었는데, 그렇게 원칙을 많이 따지고. 글쎄 뭐 아빠한테만 원칙을 따지는지 아니면 다른 사람들한테도 따지는지 모르겠지만 그렇게 많이… 따졌어요.

면담자　　　애기를 들어보면 그만큼 아버님이 편하지 않으면 그렇게 하지 못하잖아요. 엄하거나 무서우면 말을 안 섞는데 약간 친구 같달까, 아버님이 좀 자상하고 편하게 해주신 것 같아요.

창현 아빠　　　그거는 좋게 봐줘서 그런 거 같고.

면담자　　　혹시 그 아이들 교육 정보라든지 아니면 세상 돌아가는 일들은 어떤 식으로 접하셨어요? 언론이나 아니면….

창현 아빠　　　아이들이랑 얘기할 때?

면담자　　　아니 아이들 키울 때 필요한 정보라든지….

창현 아빠　　　정보?

면담자　　　대학 갈 때 입시 정보라든지 이런 것들이요.

창현 아빠　　　글쎄, 저는 꼭 대학교를 가야 한다는 그런 생각도 없어요, 사실은. 왜냐면 제가 공부하기 싫었잖아요. 내가 싫은 공부를 부모의 강요에 의해서 하라는 것은 맞지 않는다고 생각해요. 저는 본인이 하고 싶은 일을 하라 그랬어요. 물론 공부를 해야 하는 이유는 어떻게 보면 이기주의적인 말일지 모르겠지만 니가 없는

[집] 자식… 부모가 없잖아요, 가진 게. 그니까 "니가 살아가려면, 행복하게 살려면, 어떻게 보면 돈이 전부는 아니지만, 그래도 돈이 있어야만이 니가 가고 싶은 여행도 갈 수 있는 거고 니가 하고 싶은 일도 할 수 있는 게 다 돈의…" 그런 얘기들을 많이 했어요. 그래서 주로 축구 선수들을 비유하면서 금전적인 얘기를 많이 했습니다. "박지성 선수가 한 달 버는 게 얼마고, 직장 다니면 한 달에 버는 사람들이 얼마고, 이것저것도 아니고 알바 버는 사람들 얼만데 똑같이 일했을 때 어떤 사람은 몇억씩 버는 사람도 있고 어떤 사람은 진짜 핸드폰 요금 내고 밥 사 먹으면 없는 사람도 있다. 니가 무슨 일을 하든, 운동을 하든 공부를 하든 어떤 일을 해서, 가급적이면 니가 하고 싶은 일 하면서 돈 벌면은 아마 그게 제일 행복이 아닐까" 그러면서 "무슨 일이든 열심히 해서 최고의 일인자는 못 되더라도 하여간 거기에 대해서 내로라 할 정도는 되는 사람으로 살아야만이 니가 그나마 좀 행복한 삶을 살지 않을까" 그런 얘길 해요.

주로 우리 얘길 많이 하죠. "아빠 봐라. 아빠처럼 이렇게 뭐, 남들 낮에 일 하는데 아빠가 못나서 엄마하고, 엄마도 고생시키면서 밤에 일하고, 너희들 제대로 해주고 싶은 것도 많은데 능력이 없어서 많이 못 해주잖냐. 너도 나중에 어른 돼서 결혼하고 자식 낳으면은 아빠처럼 살면 안 되잖냐. 너도 네 새끼가 뭐 해달라, 뭐 해달라 했을 때 돈 없어서, 경제적인 능력이 없어서 못 해주면은 너도 마음이 아플 거다. 아빠도 지금 마음이 아프지만 너도 그런 일 안 겪었으면 좋겠다" 그러면서 얘기를 하면은 딱 다들 한 가지예요. "내가 알아서 할 게요, 내가 알아서 할 게요". 더 이상 그 공부에 대해서 이렇게 별로 깊게는 얘기를 안 했습니다.

면담자   그럼 선거 때 투표는 참여하는 편이셨나요?

창현 아빠   빠지지 않고 한 거 같아요. 옛날에 제가 주소지가 시골에 있을 때는 [못했었는데], 네, 초창기 올라왔을 때 그때 빼고는, 한 번인가 두 번 빼고는 투표는 어떤 일이 있어도 그건 다 한 것 같아요.

면담자   시골이라 하셨는데, 아버님 고향은 어디세요?

창현 아빠   서산입니다.

면담자   아, 그러시구나. 몇 살 때 올라오셨나요?

창현 아빠   어, 고등학교 졸업하고 군대 제대하고 그리고 막바로 사회생활 했죠. 저는 그때 부평에서 한 거 같아요. 친구랑 같이 부평 와서, 그때 뭐 인형 공장 같은데요, 인형 공장에서 검사 역할 한 것 같아요. 딱 손으로 잡아보면은, 그게 두께를 측정하는 건데. 그러면서 있다가 어떻게 보면 제가 잔머리를 좀 굴리는 편인데, 사회생활도 좀 하다 보면 요령이 생기잖아요. 그래서 왔다 갔다 여기 다니다 저기 다니다 하면서 그렇게 사회생활 한 것 같습니다.

7
수학여행 준비

면담자   수학여행 준비과정을 좀 여쭤볼게요. 수학여행 간다는 것을 언제 처음 들으셨는지요.

창현 엄마   안내장 와서 보고…….

면담자   창현이가 수학여행 준비할 때 같이 준비하셨나요?

창현 엄마   수학여행 가기 두 주 전인가가 창현이 외할머니 생신이었어요. 그때 우리가 못 갈 형편이라 "니네끼리 다녀와라" 그랬는데 창현이[가 그런 게] 싫어하거든요. 친구들하고 노는 모임 외에 친척 만나는 것도 별로……. 자주 안 만나니까 안 친하니까 싫어했는데 그때는 선뜻 가겠다고 했어요. 그래서 그때 [장을] 다 봤어요. 그니까 외가 쪽 삼촌이랑 이모들이랑 딴 데 같으면 안 가는데 쉽게 간다고 해서 누나랑 둘이 진안[에] 갔죠, 외할머니 계신 곳. 그게 어떻게 보면 인사를 한 거 같기도 하고, 그때 다 봤거든요.

면담자   주말에 내려갔다가 일요일까지 있었던 건가요?

창현 엄마   예. 와서 바로 일요일 날 교회로 온 것 같아요, 다행이고 고맙고. 그리고 가족사진도 없었는데 그것도 아무튼 사고 몇 개월 전인가… 몇 년을 제가 얘기했거든요. "가족사진을 찍자" 한 5년 이상 얘기한 것 같아. 근데 겨우 가족사진 찍어서 창현이 모습이 가족 안에 남아 있고, 그런 것들은 참 고마워요.

면담자　　　어머니, 가족사진 찍고 싶었던 이유가 있으실 것 같아요.

창현 엄마　　　한 번도 안 찍어봤으니까요, 가족사진을. 내 친구, 안양에 사는 친구[는] 이렇게 보면 해마다 찍더라고요, 해마다 찍어서 남기더라고요. 최소한 애들 학생이었을 때 가족사진 있어야 될 것 같아서……, 둘 다. 큰애는 좋아했는데 애는, 창현이는 싫어했거든요. 사진 찍는 거 정말 싫어하고, 가족끼리 어디 가는 것도 싫어하고 그래서 어디 가자고 하면 딜을 해야 돼요. 아무튼 뭔가를 내놓아야 돼. 어쨌든 간에 가족여행도 한 번도 안 갔다가, 가족여행도 애들이 큰 다음에는 한 번도 그렇게 못 갔는데 1박 2일로 저기 순천에… 무슨 만이지?

창현 아빠　　　순천 그 갈대숲.

면담자　　　순천만?

창현 엄마　　　순천만, 예, 거기 갔다 오고…. 그런 것들이 없었다면 정말 더 후회스러웠을 텐데, 가족여행 한 번 갔다 오고 사진도 찍고 그니까 예, 친척들한테 다 인사하고 그런 것들은 참 고맙고…….

　　그 수학여행을, 얘는 장이 안 좋아서, 아빠가 장이 안 좋은데, 굉장히 장이 민감하더라고요. 어디를 가면 화장실 가는 거, 쟤가 과민성대장[증후군] 이런 게 있었던 것 같아. 친구들이 초등학교 졸업할 때, 중학교 졸업할 때 이렇게 써준 거 보니까 그 부분이 굉장히 많더라고요. 쉬는 시간마다 얘 화장실 가고 "야, 똥 냄새 나" 이런 얘기들… 집에선 잘 몰랐는데 그거 보고 알았어요, 애들이 써준 거 보고. 근데 중학교 때도 무슨 수련회 같은 거 가잖아요? 그럴 때도 장이 안 좋아서 배가 아파서 못 간 적이 있었어요. 그런 것들이 걔한테는 아쉽죠, 많이 아쉽죠. 친구들이랑 놀러갈 수 있는, 지네끼리 자유를 만끽할 수 있는 그런 기회인데 배가 아파서 못 간다든가. 아무튼 약한 편은 아니었는데 그런 약한 부분들이 있었어요, 부분 부분. 그런 것이 가로막아서 친구들이랑 같이 놀러 못 가는 부분을 일기를 통해서 제가 알았는데 굉장히 아쉽게 썼더라고, 아쉬워하더라고.

그래서 수학여행 많이 기대했던 것 같아요, 기대를 했는데…. 얘가 중학교 수학여행 가기 전까지는 운동을 했거든요. 육상 선수였는데, 그게 초등학교 때는 5학년 때 축구를 좀 했고 6학년 때부터 육상을 하기 시작한 것 같아요. 그래서 중학교 가서도 육상선수로 들어갔는데 1학년, 2학년 공부하면서 육상하면서 굉장히 힘들죠. 다른 애보다 1시간 이상 먼저 와서 운동장 몇 바퀴 돌아야 되고 [해서] 힘들었는데 중학교 수학여행 전까진 잘 견뎌냈어요. 공부도 그냥 제법 하고 그랬는데 중학교 수학여행 갔다 와서 얘가 확 변했어요. "엄마, 나 육상 안 해요" 그러더니 친구랑 노는 거, 그니까 좀 아웃사이더 친구들하고 노는 거예요. 그때 수학여행 가서 걔네들하고 노는 맛이랄까, 이런 재미가 있구나 그걸 알았던 것 같아요. 그래서 저는 속으로 '중학교 수학여행 가서 얘가 확 변해서 온 것처럼 고등학교 수학여행 가서 다시 제자리로 돌아왔으면 좋겠다'는 기도를 많이 했거든요. 그런 바람, 저도 기대가 있었고 개도 고등학교 와서 수학여행 얼마나 기대가 많겠어요.

그러고 갔는데 떠나기 전 날은 저희, 우리가 늦게까지 일을 하는데 1시가 넘어선가, 그 시간에 "엄마, 친구한테 옷 빌리러 가도 돼요?" 이렇게 문자가 와서 화가 나서 전화를 했죠. "지금 몇 신데 옷을 빌리러 간다 그래" 이렇게 전화를 하고 나서, 그냥 얘가 잠을 안 자면 아침에 못 일어날 수 있고 이런 부분이 있으니까 바로 들어왔어요. 들어왔는데 그때도 짐을 싸고 있더라고, 1시 넘어서……. 나도 개한테 화를 내고 애 아빠도 덩달아서 잔소리를 하고 그때 그랬어요. 근데 나중에 창현이 가방 올라온 거 보니까 친구한테 옷을 빌렸더라고, 그 친구가 가져왔든지. 다른 학교 다니는 친구였던 것 같아요. 그 친구가 가져왔는지 모르겠는데 옷을 빌려서 갔고. 아빠는 그게 마지막이었어요. 그 전날, 그니까 15일 아침이죠, 15일 새벽에 창현이를 향해서 잔소리한 게 마지막 모습이었고. 나는 그날 15일 수업하고 수학여행 가잖아요? 점심 즈음 문자를 했더라고, 캐리어 좀 갖다주라고, 집에 있는. 왜냐하면 올 때는 비행기 타고 오는 거니까 갈 때는 그냥 책가방에 짐을 싸 갔는데… 책은 학교에다 놓고 다니거든요. 그냥 책가방에 수학여행 짐을 싸서 갔는데, 선생님이 캐리어 있는 친구들은 캐리어하고 바꾸라고 그런다고 해서 제가 애들 인천으로 가기 전에 캐리어 들고 학교로 가서 짐을 바꿨어요. 그때 그냥 그렇게 헤어졌죠. "다녀오겠습니다"

[하고] 인사 하고. 근데 아빠는 그게 마지막이었죠, 많이 아쉬울 거고(한숨).

지금도 이해 못 할 문자가 하나 있어요. 창현이가 그때 9시 10분에 9시, 창현이 폰을 복구해 보니까 9시 3분에 나한테 문자를 보냈더라고. 이미 배가 기울어진 이후잖아요. 9시 3분에 보낸 문자가 나한테는 10분에 왔는데 "엄마, 제주도 거의 도착했어요", 이 문자가 온 거예요. "엄마, 제주도 거의 도착했어요" 왜 이런 문자를 보냈는지 모르겠어요. 그때 이미 배가 기울어져 있고 그 이후에 쭉…. 창현이 폰을 복구해 보니까 친구한테, 친한 친구 XX이한테도 그 이후에 계속 문자를 보냈었대요. "배가 기울어졌어. 기도해 줘. 진짜야. 장난 아니야". 교회 전도사님한테도 "배가 기울어졌어요. 기도해 주세요". 누나한테도 그러고, 9시 31분까지. 나한테도 전화 많이 했는데 전화가 안 터졌어요. 통화 하나도 못 받고 이 문자도 나한테 유일하게 온 거는 그 "제주도 거의 도착했어요"[라는] 한 문자가 왔어요. 그리고 친구한테 몇 개, 서너 개 정도 중에 하나는 갔더라고, 복구해 보니까. 그리고 안 왔어요. 전화를 했는데 아무도 못 받았어요. 그런데 왜 그 문자를 보냈는지 아직까지도 저는 잘 모르[겠어요]. 그게 무슨 뜻인지 알아야 되는데. 엄마가 자는 거 아니까 걱정할까 봐 그런 건지, 그 문자를 왜 보냈는지 모르겠어요. 31분까지 창현이는 문자를 보냈는데 누나한테 마지막으로 보냈대요. "기도해 달라"고, "죽을 것 같다"고, 이게 마지막 문자였고…….

8

한국 교회에 대한 배신감

창현 엄마　　　제 생활에 한 80프로 정도? 아무튼 내 모든 생각의 베이스는, 기초는 성경이니까 항상 성경 안에서 해석하려 그러고, 이 사회생활도 성경에 근거해서 그걸 판단하고 결정하고 이런 삶이었거든요. 근데(한숨) 아직도 창현이[가] 수학여행 가서 많은 사람이 죽고, 그 부분에 대해서 자유롭지 못하다 보니까, 성경적인 해석에서 자유롭지 못하고 교회, 한국 교계에도 불만이 많고……. 그 이후 태도에서… 교회의 태도[는], 뭐 국가의 태도나 다를 바 없더라고요. 그런 부분에서 많이 배신감을 느끼고 '잘못 살았구나. 교회 안에서 내가 잘못 생각하고 있었구나' [하는 것을 깨닫게 되었어요].

그 이후에 보는 성경은 또 달리 해석이 되더라고요. 나와서 보니까… 지금 안 다니거든요, 나와서 보니까 잘못 산 게 참 많은데…. 그니까 결과적으로, 결과적으로는 이런 사고가 없었다면 거의 단원고 부모들과 마찬가지로 예전 삶처럼 살았을 거예요. 근데 결과적으로 거의 세상을 보는 데 눈 뜨게 됐고 현실을 알게 됐고, 사람이 된 거죠, 사[람이]. 그런 거 같아, 이게 아이들이 남겨준 결과고, 또 숙제이기도 한 것 같아요. '왜 대한민국에서 21세기에 전 국민이 다 보는 앞에서 그렇게 수장되어야 했나'. [우리 모두에게] 남겨진 숙제죠. 그래서 부모들이 다는 아니지만 그 숙제를 풀기 위해서 나머지 삶을 그렇게 살 건데, 우리 주위에 사람들이 그래도 많이 있는 것 같아요, 깨어 있는 사람들이. 그 이전부터 깨어 있는 사람들이 많이 있었고 부모들은 이제야 깨우치게 된 거고.

그니까 우리가 이렇게 깨닫고 새로운 삶을 시작한 것처럼 대한민국이 정말 바뀌어야 되는데, 지금 돌아가는 꼴을 보면 오히려 더 정부 맘대로 하려고, 법은 물론 모든 국가의 그 영향을 다 미치려고, 국민 개개인의 삶에, 그니까 좋게 미치는 게 아니라 안 좋게……. 옛날에 왕조 시대보다도 더 강력한 권한을 가지고 국민들을 휘어잡으려고 하는 것 같아요. 이런 것들이 저희 눈에 보여요, 전에는 못 봤는데.

면담자　　어머니, 아까 "성경이 과거와 다르게 해석이 된다, 읽힌다"고 하셨는데 어떤 부분인지 얘기해 주실 수 있는지요. 어떻게 보면 가치관의 변화인 거잖아요.

창현 엄마　　교회 □□방송이라고 있어요. 들어보면 사고 이전에는 너무너무 은혜로운 방송이었는데 사고 이후에 들으니까 역겹더라고, 토할 거 같아. 다 내용이 '복 받는 비결'. 다는 아닌데 거의 80프로 이상 '복 받기 위해서 하나님을 잘 섬겨야 된다'고, '그래, 목사님을 잘 섬겨' 이렇게 얘기하더라고. 그게 맞는 줄 알았어요, 교회 안에서 순종해야 되고, 목사님 말 잘 들어야 되고. 근데 내가 [목사님들의 성경해석에] 의견[이 있었어요], 4·16 이전에도. 내가 읽는 성경이 있는데, 나도 항상 성경을 읽는데, 목사님이 그렇게 복에 치

중해서 말씀하시는 거는 '이건 아닌데…' 하는 부분 항상 있었어요. '저건 아닌데…'. 그럼에도 교회 거의 대부분 목사님[들이], 그렇게 말씀을 하시니까 좇아갈 수밖에 없었어요, 저것도 나름대로 [의미가 있겠지 하고].

그러니까 말하고 행동하고 달랐던 거죠. 그것들이 제 눈에 보였던 거죠. 교회 안에서 이렇게 목사님들이 말하고 선교사들이 이렇게 말하면서 교회 밖에서는 똑같은 거죠. 오히려 더 지능적으로 법을 어겨가면서 끼리끼리 있는 사람끼리 해먹고 이런 것들이 있었는데, '어쩔 수 없는 거다'라고 생각을 했었는데 지금은 어쩔 수 없는 게 아니죠, 바꿔야죠.

창현 아빠   성경에서는 예수님이 그러잖아요. 제자들 발을 씻겨주면서 내가 섬김을 받으러 온 게 아니고 섬기러 [온 거라고]… 다니면서 발 씻겨주잖아요. 목사님들[이] 설교 시간에 그런 얘기를 많이 해요. "좀 낮아져라". 그런데 본인은 높아지시죠, 예. 그리고 뭐 자기 설교하고 행동하고는 일치[가] 안 되는 거죠. 사실 '왜 저럴까' 많이 했는데 모든 걸… 저번에도 얘기했지만 '순종하라', 참 어떻게 보면은 그 권력 가진 사람들, 그런 사람들이 말은 그러나 '탄압, 권력으로 탄압하고 [탄압하는 거나] 목사의 순종하라는 거[나], 그것이 똑같지 않나' 그런 생각이 들어요.

어떻게 그 불의를 보고 무조건 순종을 해야 돼요? 지난주 수요일에도 이런 말을 하더라고요. "데모해 가지고 이 나라가 바뀔 것이냐, 절대 안 바뀐다, 성령이 있어야 바뀌지 데모해서 바뀌지 않는다" 하면서, 또 기억이 안 나는데 외국 사례를 들어서 "거기는 그 깨어 있는 신도들에 의해서 바뀌었다" 하면서, 똑같은 설교인데도 이중 잣대를 가지고 있더라고요. 이것은 안 되고 이거는 됐고 하면서…. 그런 이중적인 잣대를, 설교할 때 보면은 참 목사로서 좀 일관되게 해야 하는데 남들한텐 낮아지라 하면서 본인은, 자기는 높아지고 그런 거 보면 참 많이 회의를 느껴요, 저도 사실은. 그래서 그 똑같은 죄를 짓더라도 일반적인 그런 믿음을 안 가진 사람들[을] 제외하고 예를 들어서 목사가 죄를 지었을 때는 상당히 지탄받잖아요. (면담자: 예) 일반적인 사람들이 성추행한 거하고 목사님이 성추행한 거는…. 뉴스에 자꾸 그런 교회[가] 나오는데, 그런 성직자들이 참 더 청렴하고 더 법의 잣대로 해서 열심히 이 나라를 정화를 시키면서 끌고 나가야 하는데, 그런 사람들이 더 가족들을 많이 아프게 한 것도, 뭐 대형교회 목사님들 이런 분들이 세월호를 빗대서 많이 탄압하고 막말하고 했던 게 사실은 너무너무 마음이 아파요.

지난번에 그 여기 안산 □□교회에서 막말한 그런 교회 목사들이 와가지고 부흥회[를] 해서, 저희 가족들 20명 해서 [시민들과 함께] 한 40명 정도 피켓 시위[를] 했어요. '목사들이, 존경받아야 할 목사들이 왜 세월호 가족들로[부터] 이렇게 비난의[을 받는] 대상이 됐나' 그것은 아마 목회자들이 충분히 반성하고 생각할 문제가 아닌가 생각이 듭니다. 시간이 없어서요, 오늘은 여기까지만 했으면 좋겠고…….

면담자   예. 다음 2차는 팽목에서나 진도에서 일, 그리고 지난 1년 동안 이거는 좀 남겼으면 한다 싶은 것들을 좀 이야기를 해주시면 될 것 같아요. 오늘 수고하셨습니다.

2회차

2015년 9월 8일

1
시작 인사말

면담자 　　　본 구술증언은 4·16 사건에 대한 참여자들의 경험과 기억을 기록으로 남김으로써 이후 진상 규명 및 역사 기술에 기여하고자 합니다. 지금부터 이남석 님의 증언을 시작하겠습니다. 오늘은 2015년 9월 8일이며, 장소는 안산시 단원구 글로벌다문화센터입니다. 면담자와 촬영자는 김향수입니다.

2
근황과 참사 당일

면담자 　　　아버님, 지난 일주일 동안 어떻게 지내셨는지요?

창현 아빠 　　　일주일 동안? 어제는 광화문 올라가서 국제노동자교류센터의 한 9개국[에서 오신 분들] 안내[하고], 그 사람들 같이 맞이하고 그리고 내려왔습니다.

면담자 　　　그분들과 어떤 간담회 같은 걸 하셨나요?

창현 아빠 　　　제가 노동자교류센터하고 그전에 일본을 한 번 갔다온 적이 있어요, 일본을 한 두어 번 갔는데. 그분들 같이 연대해서 노동자들의 권리, 또 이렇게 큰 참사가 있으면 같이 힘을 보태기 위해서 광화문 와서 분향하고 짧은 시간이지만 가족들 얘기 듣고,

그리고 그분들이 같이 끝까지 함께해 주겠다고 그런 얘기도 나누면서, 짧은 시간이었지만 오셔서 노동자들이 같이 연대해 주는 그것을 했는데, 너무너무 좋았습니다.

면담자   어떤 점이 어떻게 좋으셨어요?

창현 아빠   세월호 참사가 한국에서 일어난 참사지만 전 세계[가] 같이 아파하고 공감하고… 나라 나라마다 사실 부조리 없는 나라는 없다고 생각하거든요. 세월호 참사도 단순한 참사가 아니고 정관계 또는 재계에 밀접하게 연관돼서 어떻게 보면 부조리에 복합된, 그런 일로 인해서 왜 죽었는지도 모르는 우리 아이들…. 참 생명보다 중요한 거는 없는데 잘못된 그런 가치관에 의해서 돈이 전부인 양 살아가는 것이… 어떻게 보면 인간의 그 탐욕이죠. 탐욕으로 인해서 많은 죄악을 짓고 있는데 국제노동자교류센터에서 같이 힘을 합해서 동참하고 함께해 준다는 것이 너무 감사하죠.

면담자   오늘은 사고 당일 이야기를 하려고 하는데, 처음에 어떻게 소식을 듣게 되셨는지요?

창현 아빠   저희는 그… 낮에는 자고 밤에는 일하는 그런 직업을 해요, 대리운전 그 일을 하고 있는데. 여느 때와 같이 완전히 자고 있는데, 정확히 시간은 모르겠어요. 그 목사님한테 전화가 오더라구요. 전화가 왔는데, 제가 교회 일을 하다 보니까 한참 자고 있을 때도 교회 일이 있으면 좀 불러요. 그런데 보니까 목사님 전화번호 찍히길래 한참 저는 곯아떨어지고 있어서 무시하고 그냥 잤어요. 좀 있다 또 전화가 와요. 또 무시하고 있으니까, 좀 있으니까 딸내미한테, 딸내미는 그 당시는 대학교 1학년인데, 전화 왔더라구요. 그 목사님을 통해서 연락을 받은 것 같아요. 받았더니 "단원고 학생을 태운 세월호가 침몰 중이다" 그래서 부리나케, 그 소식 듣고 저희는 TV가 없어 가지고 인터넷을 켜서 YTN 뉴스라든가 KBS 뉴스를 보니까 뭐 너무 큰 배였고, 그리고 그 아나운서들 멘트가 "큰 배는 쉽사리 침몰하지 않을 것 같다", "다 구조가 될 거다" [하더라고요]. 그렇게 뉴스 보면서 안전하게 구조될 줄 알고 있었고… 그렇게 처음에 접하게 됐어요.

면담자   그 뉴스 보고 이후에 진도에 내려가기까지 상황을 자세하게 말씀해 주실 수 있으신가요?

창현 아빠   글쎄, 뉴스 보고 있으니까 그 시간은 정확히 모르겠는데, 20분 정도 지나니까 목사님하고 교회 장로님들, 권사님들 오셔서 같이 뉴스 보면서 기도를 한참 했어요. 온전하게 다 구조가 되길 바라고 한참 기도하는데 어느 순간에는 "전원 구조"가 [라는] 뉴스가 뜨더라구요. 그래서 '아, 잘됐다' 하나님께 감사 기도를 하고 좀 있으니까 다시 그게 오보로 판명되고. 저는 늦게 그 소식을, 뉴스에서 오보라는 뉴스를 듣고 단원고로 갔죠, 부리나케. 그때는 전혀 준비도 없이 딸랑 핸드폰하고 핸드폰 충전기만 들고 단원고로 갔더니, 단원고 가니까 완전히 뭐 아수라장이 됐죠. 뭐 방송사 중계 장비라든가 기자라든가, 기자들은 뭐 가족인지 알고 인터뷰를 이렇게 요청하는데 그 당시에 무슨 인터뷰가 가능했겠어요. 다 뿌리치고 제가 학교 상황실 올라가니까 거기도 뭐 그 경황이 없었고 너무 큰소리치고 난리 났고. 그러면서 생존자 명단을 보니까 몇 명 되지도 않더라고요. 생존자 명단이라는 것을 보는데 아무리 눈 씻고 찾아봐도 우리 아들 이름은 보이지 않고 그래서 어떻게 됐냐 따지니까 자기들도 교사 전화받고… 자기들도 상황 설명을 해주는 사람이 없더라구요. "우리 진도 내려가고 싶은데 어떻게 하냐" 그러니까 자기들이 차를 준비했으니까 차 오는 대로 가시라 [해서], 가서 줄 서고 있으니까 제 앞에 앞에서 저는 짤렸어요, 좌석이 꽉 차는 바람에. 다시 기다리고 있으니까 차가 한… 글쎄 왜 이렇게 시간이 안 가는지 한 30분 지난 것 같아요, 다시 버스가 와서 갔는데. 진도에 내려가면서 그 뉴스를 들으니까 안타깝게도 첫 희생자 명단이 나오면서 차 안은 뭐 진짜로 완전히 초상집 분위기처럼 됐었고. 또 한편으로는 그 명단이 창현이 아니니까 되게 한쪽으로 감사도 했고, 온전히 잘 구조되기만을 간절히 기도하면서 내려갔는데….

글쎄, 안산에서 진도가, 팽목이 거리가 멀다 보니까 가니까 어두워졌더라구요. 체육관 상황 보니까 입구 좌측에 칠판에다가 생존자 명단이라고 써놨는데, 찾아보니까 또 역시 창현이 이름은 없더라구요. 어머님들은 보면서 거기서 오열하고, "내 새끼 찾아내라, 내 새끼 어딨냐" [하시면서]. 그 누[가누]군지도 모르고, 어느 누가 와서 제대로 브리핑이라든가 안내해 주는 사람도 전혀 없었고.

창현 아빠 이남석

체육관 안에 들어가니까 뭐 정신없이, 사람들[이] 엄청나게 많았는데 누구 하나 인솔하는 사람이 내 눈에는 보이지도 않고…. 그렇게 있다가 도저히 안 되겠다 싶어서 제일 가까운 항구가 어디냐 하니까 팽목이라고 그랬죠[그러더라고요]. 거기서도 어떻게 다시 어느 버스를 타고 간지는 모르겠지만 팽목항까지 갔어요. 거기 가니까 거기도 뭐 들어가는 입구부터 방송장비 차량에다가 어디서 연락받고 많은 사람들이 완전히… 뭐 난리통도 그런 난리통이 아녔죠. 제대로 차가 통과할 수 없을 정도로, 겨우 앰뷸런스 하나만, 한 대 정도만 왔다 갔다 할 정도로 교통이 되어 있었고, 또 방송장비 차량에다 기자에다 뭐 수많은 시민들[이] 있었기 때문에, 가족들은 여기저기 흩어져서 오열하고, 제복 입은 해경 있으면 붙잡고 "어떻게 됐냐"고 물어보면 그분들도 제대로 설명해 줄 수 있는 그런 의지도 아닌 것 같고, 알 수도 없는 것 같고 그렇게 시간…….

면담자   진도에서 경험했던 일들을 기억 나시는 대로 좀 자세히 설명해 주세요.

창현 아빠   글쎄요. 저는 어떻게 보면 그런 때 냉정하려고 많이 참는 중의 한 사람이에요. 부모님 중에서는 소리, 소리 지르시는 분, 욕하는 분… 그렇게 경황이 없었는데 저는… 배는 그때 완전히 뒤집어졌지만 에어포켓이 있다는 얘기도 하고 [해서] 충분히 구조할 수 있다고 봤어요. 많은 사람들이, 잠수사들이 있다고 했고 충분히 능력도 있고, 완전히 뭐 세월호가 그 당시는 밑에까지 침몰한

게 아니고 그냥 뒤집어져서 떠 있는 상태였으니까, 뒤집어져 있는 상태였으니까 잠수도 충분히 가능하고 했었고. 또는 그 가족들이 우리 아이들이 누구누구와 어디어디 있었다는 카톡 내역도 들렸고, 상당히 어떻게 보면 배는 뒤집어져 있는 상태였지만 희망의 끈을 놓지 않고 그런 얘기 했었고. 그래서 가족들은 그 해경들 막 잡고 "브리핑해라, 빨리 구조해라, 애들 있다는데 왜 구조를 않냐…" [고 요구했었지요].

뉴스에서는 이런 뉴스가 나왔죠. 뭐 "잠수사 500명, 헬기가 몇 대, 배가 수십 척 해서 뭐 최대로 입체적인 구조 활동을 하고 있다", 이렇게 방송이 계속 나가고 있는데 사실 저희 가족들이 그 세월호 갔을 때는 뉴스하고는 전혀, 아주 틀린 그런 상황이었죠. 그래서 가족들이 거기 현지에서 가족들끼리 전화를 하는 거죠. "다 거짓말이다. 언론 믿지 마라. 거짓말이다. 잠수사[도] 몇 명 있고[없고] 배도 몇 척 안 보인다… 하는 거는 그냥 세월호 근처 배 한두 척이 빙빙 돌고 있는 상태지 누구 하나 잠수복 입고 들어가는 사람이 없다…".

그래서 가족들이 그 소리 듣고 뭐 이성을 다 잃었죠. 진짜로 뭐 속된 말로 몇 명 살인 날 것처럼 막 그렇게 흥분된 상태였는데……. 어떻게 보면은 자식이, 자식이 그 상황인데 해경은 좀 제대로 공정하게 거짓 없이 이런 브리핑을 해야 했는데…. 글쎄요, 자기 책임을 면할라고 그랬는지, 아니면 뭐 자기들이 언론을 다 잡고 있다 그런 오만한 생각을 가지고 있는지 모르겠지만 말도 안 되는 그런 허위 구조, 과장 구조를 그 당시에 했죠.

면담자   브리핑에서 한 건가요, 아니면…….

창현 아빠   박근혜가 진도체육관 와서 "구조를 어떻게 하고 있냐"고 물어보니까 해경청장 김석환[김석균]인가요, 그분이 마이크를 잡으면서 그런 얘기를 했죠. "잠수사 500명…" 하니까 가족들이 난리 났죠. 야유를 하며 소리 지르고 그러니까 다 끝을… 자기가 하고 싶은 얘기 다 못 했죠. '잠수사 500명' 할 때 가족들은 다 뻥이라는 걸 알고, 거짓이라는 걸 알고 야유를 보내고 그랬는데 그 후에도 언론사에서는 계속해서 아까 얘기했던 "입체적으로, 최대 그 구조 활동을 하고 있다"[는 보도를 했어요]. 오보인데도, 가족들이 분명히 야유를 퍼붓고 다 알 텐데도 불구하고 언론사들은 계속해서 그거를, 분명히 기자라면 그 상황을 들었다면은 가족들이 왜 야유를 하고 그렇게 했는지 다 알았음에도 불구하고 그런 오보를 계속해서 내보냈는지는 나중에 그 진상조사위원회에서 밝혀야 할 부분인 거 같습니다.

면담자   내려가서 그 첫 브리핑을 해경에서 한 게 언제였는지 기억나시나요?

창현 아빠   그때 뭐 경황이 없어 가지고요. 진도체육관에 있다가 팽목으로 왔다가, 왔다 갔다 하면서 사실 그 상황에서는 제대로 브리핑한다는 얘기도 제대로 들은 사람은 일부분이었고. 그 당시는 뭐 누가 가족인지 누가 누군지 처음엔 모르죠. 저 같은 경우는 그 브리핑을 그때 박근혜 대통령이 체육관에 왔을 때 그때 들어보고. 그리고 체육관에, 안에 있으니까 자기들이 짬짬이 마이크 잡고 브리핑 할 때는 안에서 하니까 들었는데 정확히 그런 브리핑 한다는 고지라든가 이런 거는 사실상 [없었죠]…. 뭐 부모님[들의] 전화 [번호]를 정부에서 다 알 수 있음에도 불구하고 핸드폰으로 "언제 언제 무슨 무슨 한다" 이런 내용은 전혀 연락을 못 받았습니다. 단지 뭐 구두로, 정부에서 한지는 모르겠지만 정식으로 핸드폰으로 언제 언제 이렇게 정부에서 뭐 한다는 소식은 한 번도 받은 적이 없어요.

3
아이를 찾던 날 그리고 장례

면담자   주로 체육관과 팽목항을 왔다 갔다 하신 거죠?

창현 아빠   저는 다행히 창현이가 일찍 올라와 가지고, 오래 안 있었기 때문에 사실 잘 몰라요. 그 후로는 장례를 치르고, 저는 안산에 어떻게 보면 빨리 올라왔으니까, '대책위를 만들어서 좀 잘 대처를 하자' 이렇게 해가지고. 저희 처남이 장례 절차 중에 계속 문상객 받고 여러 가지를 하다 보니까, 사실은 저희 처남이 일찍 올라온 사람들 부모들 만나서 계속 미팅하고 향후 대책이라든가 어떻게 해야 하는지 이런 거를 심도 있게 [논의했어요]…. 교육청인가요, 그분들하고 여러 가지 그런 정부 부처랑 만나서, 그때 초기에 얘기를 많이 한 거 같습니다.

면담자　　　그러면 그 얘기는 잠시 후에 하고요. 아버님, 처음에 창현이 찾게 되는 과정, 그날 일을 좀 말씀해 주세요.

창현 아빠　　　17일 날 저녁에, 저는 너무 사실 피곤하죠, 체육관에 있다가 팽목 갔다가. 4월 16, 17일인데 그때 날씨가 너무 추웠어요. 저녁 되면 그 당시 이렇게 뉴스나 사진 같은 거 보면 어머님들, 아빠들이 추워 가지고 담요 뒤집어쓰고 바다 바라보고 있었고, 사실 뭐 정신적으로, 육체적으로 힘들어서 체육관에서 좀 쉬고 있었죠. 근데 저희 딸내미가 양치질을 하다 밖으로 나갔는데 유일하게 앰뷸런스 한 대만 체육관으로 왔어요. 오니까 몇 명 어머님들이 "여자인 줄 알았는데 남자네" 그 소리가 딸한테 들렸는데, 그리고 "여드름이 많이 났네" 그런 소리[가] 들리고 그러니까 딸내미가 혹시나 '누굴까, 어떻게 생겼을까' [하고], 창현이라고는 전혀 생각을 않고 '누굴까, 어떻게… 누굴까' 하는 생각으로 앰뷸런스로 들어가서 확인을 했나 봐요. 근데 뜻밖에 창현이 모습을 보고 오열을 하면서 막 체육관으로 들어오면서 소리소리를 지르더라고, "아빠, 아빠" 부르더라고. 저도 직감하고 부리나케 나가서 앰뷸런스 들어가서 확인하니까 창현이더라구요. 그래서 그때 처남이 그 짐을 준비해서 가져온 게 있어 가지고 "우리 먼저 갈 테니까 짐 챙겨갖고 오라" 그러면서 저하고 딸내미하고 둘이 병원으로 갔죠.

병원 가면서 앰뷸런스에서 보면서 저는 다 확인을 해봤어요. 혹시나 이상이 있나 해가지고 얼굴 보고 자크를 내려서 발이며 팔이며 배며 다 찾아보니까 특별하게 눈에 띌 만한 외상은 없더라구요. 입 보니까 입에서 거품이 있고, 손을 이렇게 딱 주먹 쥐고 해가지고 손도 만지고 좀 펴줬고. 그리고 그 병원에서 아무리 내 아들이라 해도 걔들이 절차가 있는 것 같아요. 시료 채취하고 결과 나오기 전에… 결과, 글쎄요… [언제] 나왔는지 모르겠지만은 새벽 1시인가 2시 되니까 "데리고 가도 된다"고 해가지고 있었는데. 그 당시 추리닝하고 티를 입었는데 젖은 채로 그대로 올려 보낼라고 하더라구요. "애들이 추운 바다 속에 있었는데 이대로 보내느냐"고, "최소한도 마른 옷이라도 좀 입혀서 보내는 거 아니냐" 이랬더니 자기들은 지침을 받은 적이 없다, 그리고 준비된 게 없다 그래요. "저희들이 그렇다면은 그냥 그 가운으로만 해도 되겠냐" 그러니까 [그래서, 다른] 어떤 방법이 없을 것 같아 가지고 "알았다"[고 하]고, 그리고 젖은 옷은 벗겨서 천[가운]에 싸서… 앰뷸런스 타고 안산에 올라오니까 7시인가, 아침 7시인가에 도착한 것 같아요.

면담자　　　　그럼 장례 치르는 과정은 어떻게 진행하셨나요?

창현 아빠　　　안산 한대역 앞에 한사랑병원이라고 있습니다. 그 진도에… 병원 가니까 여기 여기는 안 된다, 예를 들어서 안산 고대병원하고 한도 병원, 어디어디는 안 된대, 다 찬 모양이더라구요. 자리가 없는데, 그래서 제가 안산 여기 한사랑병원은 좀… 안산에서 대리운전사업 하다 보니까 병원[이] 어디어디가 있고 언제 생긴 거 다 아니까, 그래도 한사랑병원에서 깨끗… 생긴 지 얼마 안 됐으니까 거기로 선택해서 장례 절차 수속을 밟고 했죠.

근데 거기 한사랑병원에서 창현이가 단원고 세월호 [희생자로] 처음이니까 여러 가지 그… 뭐 묻고 그러는 것 같더라구요. 저는 제가 거기에서 일일이 다 얘기하는 거보다도 처남이 있으니까 처남한테 모든 걸 다, 장례 절차에 대해서 얘기하라고 미뤘고. 나중에 들리는 바에 의하면 뭐 수의를 얼마짜리를 할 것이며, 어디를 할 것이며, 장례비와 식사는 하루에 얼마, 이런 돈 얘기 자꾸 들리는 것 같더라구요, 참 그…. 그때는 뭐 교육청에서 아마 한 거 같아요, 그 장례 절차를. 근데 어떤 제대로 된 매뉴얼도 없이 그냥 그 상황 돼서 주먹구구식으로 장례 절차를 논하는 거 보니까, 참 그 해경이나 교육부나 매뉴얼 없는 거는 다 똑같더라구요. 엊그제 돌고래호가 전복돼서 또 참사가 일어났는데[2019년 9월, 제주해역에서 발생한 낚시어선 침몰사고], 뭐 세월호 사고 터지고 1년 4개월 지났어도 변한 거는 하나도 없잖아요. 어떻게 보면은 참 이렇게 큰 참사를 당했는데도 정부는 전혀 변하는 게 없어요.

면담자　　　아버님, 금방 매뉴얼이 없었다고 하셨는데, 이야기 들어보면 따님이 창현이 발견하고 보고 이런 과정에서 사실은 그냥 무방비로 아이들을 놔둔 거잖아요. 그런 과정에서 드셨던 생각들, 감정들이 좀 있을 것 같아요.

창현 아빠   나중에 알고 보니까 팽목항에서도 한참 막 올라올 때는 그냥 땅바닥에다 이렇게 그냥 놓고, 참 어떻게 보면은 정부가 그렇게 그 모르는 건지, 아니면 알고서 않는 건지, 멍청한 건지… 자기 자식 또는 자기 부모가 바다에 빠져서 올라왔는데 그냥 그 부두 어느 한쪽에다가 아무것도 깔개도 없이 그냥 그렇게, 어떻게 보면 방치라고 봐요. 그렇게 사람이 놓여 있는 거 보면은 '야, 저분들이 진짜 의식이 있는 건지 없는 건지, 자기 가족이 그래도 저렇게 할까'. 자기 가족이라든가 그렇다면은 아마 절대로 안 할 것 같은데, 자기 가족이 아니기 때문에 그렇게 함부로 하는 건지, 아니면 공무원들이 인식이 그런 건지 참 묻고 싶어요, 그분들한테.

면담자   아까 처남 분이 가족들 이렇게 만나면서 이후 대책위 꾸리게 됐다고 얘기하셨는데요, 처남 분이 특별히 가족들 만나면서 하셨던 이유가?

창현 아빠   처남이 한 20년 넘게 철거민운동을 해왔어요. 지금도 그 운동을 하고 있는 걸로 아는데… 그렇기 때문에 정부에 대해서 어떻게 하는 건지를 저보다 많이 알죠. 정부랑 이런 싸움을 많이 해왔기 때문에 처음부터 "정부가 어떻게 할 거고 가족들이 어떻게 어떻게 대처해야 할 거"라는 것은 저한테 쭉 얘기를 해주더라구요. 누구보다도 잘 알고, 무엇보다도 '초창기에 잘 하면은 가족들이 정부랑 대처를 하는데 좀 유리하게 잘하지 않을까' 해가지고, 그렇게 가족들 만나서 이렇게 준비를 해왔던 것 같아요.

62

창현 아빠 이남석

4
초기 대책위 활동

면담자　　　장례 치르고 난 이후는 어떻게 지내셨는지요?

창현 아빠　　장례 치르고 나서는 일을 시작하려고 나갔었어요.
나갔는데 도저히 손에 안 잡혀서 나갔다 들어오고 또 나갔다 들어
오고 반복을 한 10번 정도 한 것 같아요. 어떻게 보면은 좀 빨리 잊
고 싶었던 지도 모르겠어요. 일하면 창현이를 잊을 수 있을까 싶어
서, 그래서 본 생업을 하려고 노력했는데 안 잡히더라구요. 그리고
있으니까 정부에서 하는 것 보니까 전혀 가족들 생각했던 바와는
엉뚱한 방향으로 계속 흘러가고… '야, 가만있으면 안 되겠다. 나가
서 함께 힘을 모아서 싸워야만이 세월호 진실이 밝혀지지 않을까'
라는 생각이 들더라구요.

　　처음에는 사실 뭐 정부에서는 뉴스에서 오보도 있었고, 구조에
대해서 이렇게 이렇게 한다고 해도 단순한… 저희들도 과적과 대
각도 변침에 의한 사고로, 사실상 어떻게 보면은 믿었죠. 그렇다면
뭐 사고, 사고니까 잘 수습이 되겠다 믿었는데, 하나씩 하나씩 언
론에서 뉴스 나오는 것 보고 하니까 이게 뭐 단순한 과적과 대각도
변침에 의해서 난 사고가 아닌 거죠. 왜 승객들은 구조 안 하고 선
원들만 구조가 됐을까 하면서 하나씩 의문을 품고 알아보니까 '단
순한 그런 그 해상사고가 아니다'라는 걸 뉴스를 접하고 가서 겪어
보고 그러면서 안 [거죠]… 그러다 보니까 처음에 가족들이 이탈 없

이 다 모여서 정부하고 많이 이렇게 대처를 한 것 같아요. 그 당시는 초창기니까 아직도 실종자가 많았었죠, 미수습자가. 그리고 계속해서 올라오면서 안산시가 장례식장이 없어서, 뭐 냉동실이 없어 가지고 다른 시에서 장례를 치른 적도 있잖아요. 군포 가서 치른 적도 있고, 시흥시 가서 치른 적도 있고… 안산시가 장례식장이 없어서 타 시까지 가서 장례 치른다, 뭐 앞으로 영원히 그런 날은 없지 않을까….

면담자　　활동하셨던 것 중에 기억에 남는 것들, 혹은 사실 증언으로 남기고 싶은 것들이 있으실 것 같습니다. 시간 순서대로가 아니라 처음 대책위 활동하면서 같이 진실을 밝히기 위해 노력하신 부분도 있을 거고요. 당시에 제대로 된 정부라면 어떻게 했어야 한다, 기대했던 바는 어떤 것이었는지요?

창현 아빠　　정부라면 있는 그대로, 사고가 왜 일어났으며 처음부터 끝까지 낱낱이 있는 그대로 밝혀야죠. 과적이 얼마만큼 됐으며, 왜 누구에 의해서 그 사고가 났는지, 최덕화 군이 52분에 최초 신고를 했는데 왜 그 신고는 뺐는지 분명히…. 배는 16번이라는 채널이 있어요, 그거는 진짜로 배가 위급한 상황에 쓰는 채널인데 왜 16번 채널을 안 썼을까, 16번 채널은 모든 배들이 다 교신을 듣기 때문에 무엇을 감추기 위해서 안 썼다고 생각하거든요. 그럼 무엇을 감추기 위해서 16번은 안 썼는지 검사가 이런 모든 것을 [제대로 조사를 해야죠]. 또 왜 그 선장은 해경 집에서 잤을까도, 선원들은

[왜] 한데 모여서 여관에서 잤을까, 그 구조도 왜 선원들만 구조했을까, 낱낱이 [밝혀야지요]. 경찰, 경찰이 밝히면 안 되겠죠, 왜냐면 당사자니까. 검사가 밝혀야 하는데 왜 초기부터 이렇게 강하게 조사해서 제대로, 국민한테 낱낱이 밝혀야는데 계속해서 저희들이 보기에는 축소하기 바쁘고, 감추기 바쁘고… 그거를 가족뿐만 아니라 국민들이 다 보고 느꼈을 줄 믿습니다. 그렇기 때문에 가족들이 많이 힘들어했죠.

면담자   아까 생업에 복귀하셨다가 대책위 활동을 하셨다고 하셨어요. 초기에는 어떤 논의나 활동을 하셨는지요?

창현 아빠   초기에 가족들 모여서 그 집행부를 만들어야잖아요, 어느 사고[가] 나면은. 집행부를, 일단 [안산으로] 올라오는 사람들이 먼저 구축을 해서, 사실 거기에 위원장도 있어야 할 거고, [집행부를] 몇 명으로 할 것이며, 사무도 보면[서] 기록도 해야니까 [그런 것은] 누가 할 것이며, 연락책을 맡아가지고 연락을 어떻게 해줄 거며, 이런 거를 준비했어요. 그런 내용으로 해서 회의를 하고, 그 당시 문자로 이렇게 무슨 무슨 내용해서 누구 만나고… 예를 들어서 교육부 만나서 무슨 얘기했고. 추모 하면은 어떻게 할 것인지, 초창기 그때부터 여러 가지 안을 세워서 그런 분들과 만나고, 장례를 어떻게 치르고, 아이들 납골당 어디에다가 안치를 할 것이며, 그런 얘기를[가] 그때… 세부적으로 나와서 안산에는 하늘공원이 있었고, 화성에 효원 있고, 평택에는 서호 있고, 이렇게 한 세 가지 정도를 해서 가족들한테 어디로 아이들을 데리고 갈 건가 해서 그런 쪽도 초창기 때 만들어서 이렇게 좀 도움을 주었어요.

면담자   그러면 진상 규명 관련한 활동들은 언제부터 제기되고, 시작됐을까요?

창현 아빠   진상 규명은 그 당시는 글쎄요, 정확히 저도 이렇게 메모하는 습관이 없어 가지고 주먹구구 이러다 보니까, 저도 꼼꼼히 하는 스타일이 아니어 가지고 어려워요. 하여간 그때 무엇보다도 처남이 저한테 한 얘기가 있어요. "목표는 딱 한 가지만 잡고 가면은 흔들림이 없을 것이다. 그게 뭐냐면 진상 규명이다. 오로지 진상 규명 하나만 보고 가면은 나머지 뭐 납골당이라든가, 무슨 추모공원이라든가, 애들 트라우마라든가, 모든 것은 진상 규명 하나만 목표만 가지고 가면은 거기에 대해서는 곁가지로 다 나오는 거니까 다른 거에 흔들리지 말고 딱 그 진상 규명 하나만 보고 가라. 그리고 추모공원은 일례로 몇 년 거쳐서, 심하면 10년, 20년 넘어서 만든 경우도 있으니까 너무 그렇게 거기에 대해서 집착하지 말아라. 오히려 제대로 된 진상 규명하고 해도, 하면은 지금 바라는 그런 부모님들이 생각한 추모공원보다 훨씬 더 좋은 안들이 나올 수 있으니까 미리 그렇게 그… 급하게 서두르면 오히려 부모님들 생각했던 것보다도 더 안 좋은 그런 규모라든가 시설이 될 수 있으니까 절대로 서두르지 말고 오로지 진상 규명만 보고 가면은 더 좋은 안들이 나올 거다". 그 얘기를 듣고 했어요.

5
기억에 남는 사람들

면담자   아버님, 사고 후 1년 5개월 정도 지났는데요, 그동안 기억에 남는 일화도 있으시죠? 간담회나 도보 순례 같은….

창현 아빠   너무나 많은데, 청와대 앞에서 노숙생활 할 때 문경에 사는 여학생이 "자기는 수학여행을 안 가고 여기 왔다" 하면서 수학여행 들어가는 비용을 그때 광화문 국민대책위인가 거기에다가 주고 청운동 와서 2박 3일 동안 가족들하고 같이 잔 적이 있어요. 이름이 ××이라고 그런 것 같은데, 아마. 그 여학생이 그렇게 기억에 남구요. 그리고 취업 준비하는 학생인데, 가족들이 이렇게 노숙하고 있는데, 자기들 취업 준비생이 무슨 돈이 있겠어요. 돈 없는데 라면 박스, 큰 박스에다가 갖가지 뭐 박카스도 있고 여러 가지, 약국에서 산 것 같아요. 드링크제를 한 박스를 놓고 가면서 "많이 지지하고 있다, 힘내라"고 그런 얘기 듣고. 또 가족들이 도보 순례도 했고… 많죠.

면담자   그분들이 더 기억에 남는 이유가 있을까요?

창현 아빠   벤츠 타고 와가지고, 또는 BMW 타고 와가지고 지지하는 분 없더라구요. 진짜 걸어 다니고, 이렇게 보면 진짜 돈 없는 서민들이, 아픈 사람들이, 배고파본 사람들이 배고픔을 알듯이… 있는 사람들은 그 아픔을 모르는 것 같더라구요. 제가 대리운전을 한 10년 넘게 했는데요, 가끔 이런 질문을 하더라구요. "무슨 차, 무슨 차 운전해 봤냐"고, 뭔 차 해봤냐고. 제가 이런 얘기합니다. "경찰차 소방차 빼고는 운전 다 해봤다".

진짜로 그 허름한 차들, 진짜 폐차장 갈 차들, 진짜로 경차들, 2.0 이런 이하 타시는 분들이 수고한다는 말 건네고 작은 팁이라도 주죠. 진짜로 뭐 파리 앉으면 낙상할 정도로 번들번들한 차를 타시는 분들은 제대로 대리기사들한테 그… 차갑게 대하지 어떤 팁도, 사실 바라지는 않지만 수고한다는 말 별로 들어본 적 없어요. 그래서 참 그 서민들, 같이 어렵게 사시는 분들이 이런 후원도 많이 하고, 그래서 더 마음이 아파요, 참. 있는 사람들이 돈 좀 내면은… 그 사람들 별거 아니잖아요. 근데 없는 사람들이 진짜 자기 버스비 아끼고 밥 값 아끼면서, 이렇게 하면서 음료수 건네줄 때가 더 맘이 아리고 짠해요.

면담자   청운동에서 기억에 남는 다른 것들이 있으신지요?

창현 아빠   청운동 말고 광화문도 있었으니까, 광화문도 제가 단식 했었고, 국회에서도 있었고. 광화문에 있을 때는 그때가 막 5월[7월] 달 같은 그때 한 낮에는 진짜 햇빛이 뜨거워요. 뜨거워 가지고 청바지 입어도 막… 청바지가 그 햇빛 쪼이면은 익는 것처럼 뜨거워요. 처음에 그 단식, 국회에 10명 있었고 광화문에 15명[5명]인가… 하여튼 정확히 기억은 안 나네요. 저도 광화문에 단식할 때 갔는데 그때 처음에 가니까 그늘이 없었죠. 그늘이 없어서 햇빛이… 5명이 앉아 있는데 얼마나 뜨거운지 다 익더라구요, 그때가 힘들었고. 글쎄 저는 그 단식할 때 좀 일찍 왔는데, 얘기 들어보니까 단식하고 있는데 일베들이 와서 그 폭식을 하는 뉴스를 봤는데, 단식해 봐서 아는데 진짜로 주위에 검은 봉지 그게 다 먹을 거로 보이고…. 또 멀리서 어디서 어디서 왔다 하면서 단식하는 가족들 손잡아 주고 눈물 흘리고. 아이들 데리고 와서 엄마가 설명해 주면, 옆에서 들어보면은 '진짜 저런 아이들한테는 이런 아픔이 없이 좋은 나라 물려줘야 한다'는 생각 들고 그러죠.

면담자   일베 폭식하는 뉴스 보면서 드셨던 생각이나 감정은 어떠셨는지. 단식을 하셔서 더….

창현 아빠   저는 그 지금도 이해가 안 가는 게요, '저 사람들이 정신이 있는 사람들인가'. 저는 그… 정신병자라고밖에 안 보여요. 사람이 아파하고 힘들어하는데 가서 위로해 주고 격려는 못 해줄 망정 저렇게까지 하는지 참, 누구 머리에서 나왔는지, 참 정신이 있는지 없는지 아직도 이해할 수도 없고. 아무리 사람이 망가져도, 분명히 자기도 역지사지로 생각도 한 번 해볼 텐데, '저 사람들은 왜 그럴까, 왜 굶으면서 이러고 있을까' 하는데. 아무리 그 이해하려고 해도 이해가 안가고, 그 사람들이 와서 아무리 나한테 사과해도 그분들만큼은 사과를 못 받을 것 같아요, 못 받아줄 것 같아요.

면담자   [유가족들이] 단식을 하게 된 과정도 이야기해 주세요.

창현 아빠   저희는 그때 국회에 가서… 여기 날짜가 있네. 제가 쓴 게 아니고 어떤 기자가 저랑 인터뷰하면서 쭉 썼는데 5월 27일, 그 단식 처음부터 계획하고 한 건 아니에요. 근데 국회에 가서 어떤 이유로 해서 계속 얘기해도 국회의원들, 특히 새누리당 의원들이 저희 가족들 뜻을 받아들이지 않고 그래 가지고 뭐라도 좀 해야 하지 않느냐 상의하다가, 저는 그때 회의에 참석을 했는데 집행부들 모여서 회의하다가 "그럼 단식하자" 그래서 즉흥적으로, 거기 가서 국회에 모여서 회의하다가 결정이 난 거예요. 그럼 어떻게 할 거냐, 전 가족이 다 하자 그러니까 그 박주민 변호사가, 다른 변호사가 그랬는지 몰라도 "잘 생각해서 해야 한다. 한 번에 다 했다가, 뭐 이탈자 계속해서 늘어날 텐데 한 번에 다 해서 이탈자가 쭉쭉 빠지면 모양새가 별로 좋지 않을 거다. 차라리 오래할 사람들 소수로 해서 점점점 늘어나면 좋은데, 한 번에 단식을 다 해서 숫자가 점점 빠지면은 모양새도, 국민들이 보는 것도 오히려 좋지 않게 볼 수 있다. 그래서 좀 최소로 하는 게 좋을 것 같다" 해가지고 인원을 그때 15명인가, 20명 한 것 같아요. 그때 국회에서 몇 명 했나 모르겠네. 광화문 5명, 국회가 15명인가 10명인[가]··· 그렇게 해서 시작을 즉흥적으로. 그렇게 '할 사람 해라' 그러니까 뭐 혈압 있고 뭐 있는 사람들, 하고 싶어도 그 사람들은 잘못되면 안 되니까, 당뇨 있고 혈압 있고 이런 분들은 좀 참아라 해서 그분들은 빼고빼고 해서, 제가 알기론 20명이 단식을 한 것 같아요. 7월 14일이네, 7월 14일 날 단식을···.

면담자   단식 끝나고 보식하는 과정도 힘들다고 들었어요.

창현 아빠　　처남 얘기 또 나오는데, 처남이 그 얘기 하더라고. "단식보다도 보식이 더 힘들다. 두 배로 해야 한다. 10 하면 20 정도 보식을 해야 한다"고. 그렇게 해서 저는 병원에 그때 3일인가, 4일인가 있었어요. 거기서 처음에 링겔[링거] 맞고, 죽 먹고 하면서 4일 정도 병원에 있다가 나와서… 그래도 건강관리 하면서 잘 지내고 나온 것 같아요.

면담자　　병원에서 나온 다음에는 집에서 좀 요양을 하시다가 다시 나온 건지요?

창현 아빠　　아뇨. 그때도 한창 정신이… 저희 1년 내내 편히 있을 때가 없는 것 같아요. 사실 처음에 이거 하나만 끝나면 그냥 쉬자, 그런 마음으로 일을 시작했어요. 근데 그거 끝나면 또 다른 일이 터지고, 그러면 '이것만 하고 쉬자' 하다 보니까 진짜 1년 넘게 뭐 끝이 없어요, 일이. 정부랑 싸우는 게 그렇잖아요. 특별법 제정부터 해가지고 [겨우 의견] 모아 [법률 제정해] 놓으니까 시행령으로 발목 잡고, 시행령 통과되니까 돈 가지고 또 싸우고, 특조위 공무원 세 명을 안 받으면 예산을 주네 안 주네 하면서 지금도 계속해서 발목 잡고 있잖아요. 그러다 보니까 가족들이 좀 편히 집에서 쉬어야는데 쉴 수가 없게끔, 아이들을 위해서 좀 추모도 해주고 안정도 취하고… 정리가 돼서 좀 예전처럼 일상생활로 돌아가야는데 이 정부가 가족들을 냅두지를 않아요. 계속해서 뭐 가족이 요구하면은 안 들어주고, 뭐 한다하면 못 하게 하고. 최근에도 세월호 관런 어떻게 되어 있는지, 제대로 대처가 되어 있는지 못 믿어가지고, 못 믿게 했으니까. 여지껏 가족들 돈으로, 자비로 세월호 어떻게 있는지 수중 촬영하겠다 하는데 그것도 가로막잖아요. 지금 뭐 인양을 준비하고 있는데 어떻게 준비하는지 저희들은 보기만 하겠다 해도 그것도 안 된다, 세월호 1마일 근처는 얼씬도 하지도 말라, 이렇게 엄포 놓으면서. 피해 당사자인 우리가 어떻게 구조를 하는지 알 권리가 있고 볼 권리가 있는데, 정부에서는 가족이 한다면은 모든 걸 다 저지하고 막고, 방해하고 있죠. 그렇기 때문에 가족들은, 저희들은 정부가 어떠한 그 공신력 있는 그런 얘기를 해도 믿음이 안 갑니다, 믿게 안 해주니까요. 보게끔 해주고 무슨 일 하는지 제대로 공개를 해주면은 정부에서 하는 일에 대해 믿음이 갈 텐데, 정부에서 그렇게 모든 일을… 가족들이 봐도 안 되고 알아도 안 되고 해도 안 되고, 그렇기 때문에 가족들은 끝까지 직접 보지 않고 확인 않는 이상은 믿지를 않습니다.

6
참사 후 치료 경험

면담자 아버님, 작년에 수술했다고 하셨잖아요. 단식 이후에 수술하신 건지요?

창현 아빠 아, 여기 쇄골 나가서 수술했어요, 공 차다가 넘어져서. 그리고 청운동에 있을 때 밤에 힘들고 그러니까 막걸리 한잔씩 했죠, 저녁에. 청운동에 있으면서 거의 하루도 안 거르고 막걸리 한 잔씩 하고 그러니까 췌장이 고장 나서 병원에 입원했죠. 췌장염, 지금도 췌장염 약을 먹고 있어요. 한 달에 한 번씩 가서 약 타서 먹고 있는데요, 췌장염 때문에 세 번 정도 병원에 입원한 것 같아요. 길게는 일주일, 아니면 5일 정도. 췌장염 때문에 술도 못 먹지, 기름진 음식도 먹으면 안 되지, 모든 것이 스트레스에 의해서 뭐 잠도 제대로 못 자지 그러니까… 어떻게 보면은 저는 좀 활발한 성격이고 그렇게 스트레스 잘 안 받는 성격인데 참사 후로는 정신과 병원도, 의사도 면담했고 약도 먹고 그러는데. 저는 스트레스 잘 몰랐어요. 그전에는 '무슨 스트레스야, 사치 아냐' [하는 것을] 이런 생각을 했는데 제가 스트레스를 겪다 보니까 '상당히 무서운 질병이구나' 느꼈어요. 소화도 안 되지 잠도 못자지 피곤하지, 만병의 근원이 감기라고 그러는데 제가 보기에는 그것도 맞지만 스트레스가 아닌가 그런 생각….

면담자 　　언제 처음 정신과 상담 가시게 된 건지요.

창현 아빠 　　장례 치르고… 작년 4월 말이나 5월 초 될 것 같아요. 심신이 많이 저하되고 창현이… 나하고 집사람하고 ○○이 하고 상당히 그때 힘들었죠, 늘 있던 아이가 집에 없고…. 엄마가 매일 세탁기[를] 돌렸거든요. 창현이는 하루에 샤워를 적게는 두 번, 많이는 세 번, 네 번도 하거든요. 그러던 아이가… 빨래할 게 없으니까, 빨래하는데 빨랫감이 없다고 하면서 막 울더라구요, 빨래를 하는데 빨랫감이 없다면서 막 울고 힘들어하고. 그래서 그때 단원보건소에 심×× 선생님인가요, 처남이 "한번 치료 좀 받아봐라, 상담해 봐라" [해서]. 상담을 처음에 했고, 며칠 있다가 힘들어서 다시 전화했더니 그 정신과 병원 선생님을 안내해 주더라구요. 그래서 저하고 집사람하고 같이 정신과 상담을 한 적이 있어요. 그래도 뭐 낯선 사람이잖아요, 처음 보는 사람인데. 세월호 피해자 가족이라니까 뭐 대략 마음은 알 수 있겠지만 저희 가족들 깊은 내면에 무슨 생각을 가지고 있으며 어떻게 얼마만큼 힘들어하는지는 모르잖아요. 그래서 뭐 20분, 30분 상담하고 약 처방 내려서 먹고. 정신과 약이니까 먹으면 잠은 잘 잤는데 또 한 2, 3시간 자면 깨더라구요. 그때 한 번 가고 그 뒤로는 아파도 그냥… 그 뒤로는 정신과 치료는 안 받고 그냥 그 '이웃' 가서 정[혜신] 박사님이랑 상담하고 그러면서 그냥, 무엇보다도 뜻 맞는 가족들이랑 만나서 얘기할 때가 오히려 더, 정신과 선생님 만나는 것보다 더 마음이 편한 것 같아요. 가족들이랑 같이 만나서 이런저런 얘기하고 지내고 있죠.

면담자   아버님, 오늘은 여기까지 하고 다음에 이어갈게요.

3회차

2015년 9월 14일

1
시작 인사말

면담자   본 구술증언은 4·16 사건에 대한 참여자들의 경험과 기억을 기록으로 남김으로써 이후 진상 규명 및 역사 기술에 기여하고자 합니다. 지금부터 이남석 씨의 증언을 시작하겠습니다. 오늘은 2015년 9월 14일이며, 장소는 안산시 단원구 글로벌다문화센터입니다. 면담자와 촬영자 모두 김향수입니다.

2
안산지검 출석, 부당한 공권력에 대한 저항

면담자   아버님, 지난주에 안산시 법원 가셨다고 했잖아요.

창현 아빠   네. 정확히 날짜는 기억을 못 하겠는데, 4월 6일인가로 알고 있는데, 그때 광화문에서 천주교 미사를 드리고. 그때 가족들이 광화문광장 북단 쪽에 아무것도 없이 비니루[비닐] 하나[쳐] 놓고 비 맞으면서 정부랑 싸우고 있는 상황이었죠. 근데 천주교 쪽에서 미사드리고 그쪽 북단 쪽에 가족들이 있으니까, 천주교에[천주교 쪽 분들한테] 얘기 들어보니까 의료차를 그쪽으로 진행하려고 했는데, 거기에 세종대왕 바로 앞에서, 광장은 누구나 갈 수 있는 시민의 공간이잖아요, 근데 경찰이 완전히 가로로 다 펜스를 쳐놓고 차단을 하는 거예요. 그래서 "누구나 다 지나갈 수 있는 광장이고 그러니까 폴리스라인에[을 쳐놓고] 왜 시민들을 못 지나가게 막느냐, 치워줘라" 그러니까 "안전을 위해서 어쩔 수 없다" 그러더라구요. 그래서 제가 발로 밀어버렸지, 폴리스라인[을]. 그랬더니 바로 연행해 가더라구요. 그래서 종로서에 잠깐 들렀다가 바로 도봉서로 가더라구요. 저는 뭐 체포되면은 그냥 관할서에서 조사를 받는 줄 알았더니 제일 먼 곳 도봉서로 가서….

면담자   거기 북쪽 끝이잖아요.

창현 아빠   네. 거기서 이틀 동안, 48시간에서 딱 2시간 빠지는 46시간을 감금해 가지고, 46시간 만에 나왔어요. 거기서 조사를 받는데, 제 생각에는 잘못한 거 없어서 계속 묵비권 행사하고, 46시간 만에 풀려 나왔죠.

면담자   그런데 지금까지 계속 조사받는 건가요?

창현 아빠   그것 때문에 거기서 전화 왔더라구요. 전화 와서 "이쪽 서울 쪽에서 오면은 거리도 있으니까 힘들지 않냐" 하면서 "수원지구 안산지청으로 좀 넘겨서 해도 괜찮냐" [해서]. 저는 집이 안산이니까 "좋다" 그래서 그 사건이 안산으로 왔죠. 그래서 언젠가, 날짜가 화요일 날인가, 지난주 화요일 날 변호사 대동해서 있는 그대로 조사받고 나왔습니다.

면담자   단순한 것 같은데, 그리고 다섯 달이나 지났는데 아직도 조사할 게 더 있다고 하나요?

창현 아빠 이남석

창현 아빠   글쎄요, 정치에 관심 있는 분들은 금방 끝날 수사 같은데 질질 끄는 이유는, 글쎄요. 예를 들어서 제가 뭐 그전에 어떤 그 사고를 쳤다 하면은 그런 거랑 같이 싸잡아서 이 사람이 이러이러한 일 하면서 언론에 퍼뜨리고, 또 우리 가족들 중에 누가 어떤 사람이 잘못을 했다면 그것을 확대하기 위해서, 가지고 있다가 어떤 일이 터지면 그렇게 언론플레이 하지 않나, 정부에서. 그런 생각이 많이 들어요.

면담자   이전에 그랬던 사례가 있으셨거나 혹시 그렇게 판단하게 된 계기가 있으신가요?

창현 아빠   특히 정치인들이 많죠, 한명숙 전 총리라든가. 그 여당에 어떤 비리가 있으면 야당은 비리를 가지고 있다가 비리를 저지른 여당 국회의원이 언론에 터뜨리면 그때 야당도 가지고 있던 거를 터뜨리죠, 비겁한 행동이죠. 그러니까 완전히 정부 측에… 여당도 하지만 야당도 한다 하면서 완전히 물타기 하는 거죠. 그러면 국민들은 "정치인들은 여나 야나 다 똑같은 놈들이다"[라고] 비판하는데 제가 보기에는 비리로 본다면 권력 있는 자들이 비리를 하지, 늘 그 정부, 그런 주요 기관으로부터 감시당하는 야당이 어떻게 비리가 있겠어요. 물론 야당이 비리가 없다는 뜻은 아니고 비리를 저지르는 분들은 권력을 가진 사람들이 훨씬 많을 거라고 생각합니다.

면담자   사실 처음 있는 일이잖아요. 수사받거나 이럴 때 좀 낯설거나 위축되거나 그러진 않으셨어요?

창현 아빠 글쎄 뭐, 사실 조사 받는 거는… 제가 기억이 안 나는데 "조사받은 적 있느냐" 물어보길래 "없다" 이랬는데, 가만 생각해 보니까 20년 전 수원지법에서 70만 원 벌금… 20년 전 음주로 걸려서 벌금 낸 것 있더라구요. 벌금 낸 거는 글쎄 그것밖에 없더라구요. 그때 음주 걸린 것 그거 가지고 기록도 있구요. 〈비공개〉 이번에 이런 시위로 인해서… 경찰의 말에 의하면 시위로 잡혀서 조사받는데… 글쎄요, 여지껏 계속해서 진상을 밝혀달라고 가족들이 정부하고 많이 이렇게 대치하고 싸우면서 그렇게 특별하게 위축되거나 그런 거는 못 느꼈습니다.

면담자 아버님, 예전에 기사 보니까 인터뷰 중에 "창현이한테 덜 미안하다"라고 얘기하셨던 걸 봤어요. 경찰서에서 46시간을 있었던 거잖아요, 그런 마음 생각이 드셨던 이유가 뭘까요?

창현 아빠 글쎄 뭐 시민으로 봤을 때, 개인적으로 봤을 때 아무리 공권력이라 하지만 시민을[에] 대한 부당한 공권력이기 때문에 제 생각에는 단호히… 그런 경우 또 있으면 아마 또 하지 않을까 생각해요. 국민들이 부당한 공권력에 좀 저항도 하고, 당당하게 싸울 수 있는 그런 시민이 됐으면은 이 나라가 이렇게까지 타락하고 그러지 않았지 않았을까, 그런 생각도 들고요. 국민들이 침묵하고, 내 일 아니니까, 먹고살기 힘드니까 그러면서 그 국가의 부당한 공권력이라든가, 부당한 집행이라든가에 침묵하기 때문에 그렇지 않은가 생각됩니다.

창현 아빠 이남석

3
국회에서의 경험, 길어진 투쟁

면담자　　　지난 1년 동안 간담회도 있었고, 서명도 계속 받으러 다니시고, 특별법 제정을 위해서 청운동이나 국회 계속 왔다 갔다 하셨어요. 그중에 기억에 남는 일화가 있으신가요.

창현 아빠　　　그게 우리가 국회에 처음으로 올라갔을 때가 정확히 기억은 안 나지만… 제가 사실 정리를 잘 못해요. 5월이네요, 5월 29일 날 국정조사 하라고 2박 3일 동안 농성한 거 같은데, 그때는 이완구 원내대표였죠, 그분하고 여야 대표, 그때가 새정치민주연합 박영선하고 해가지고 심상정 의원도 아마 있는 것 같은데, 그때 여야 간에 국정조사라든가 특별법이라든가 [하는 것들에 대해서] 전반적으로 논의해서 조속한 시일 내에 진상 규명될 수 있도록 저희 가족들이 올라와서 했는데…. 저희들이 처음에 갔을 때는 농성을 하기 위해 간 게 아니고 그때 법이 본회의에서 통과된다는 얘기를 듣고 그냥 방청하기 위해서 사실 올라갔어요. 근데 가보니까 본회의 방청도 안 되고 제대로 여야 간 합의도 안 된 상태에서 "빨리 합의해서 처리해 줘라" 그러면서 야당 얘기 들었고, 여당 얘기 들어보니까 전혀 한 발짝도 못나가고 대치하더라구요. 그래서 "그러면 가족들이, 우리가 있는 앞에서 협상해라" 해서 협상하는데, 그때 이완구 원내대표 하는 얘기가 똑같은 말만 계속해서 앵무새처럼… 글쎄 뭐 정확히 시간은 모르겠지만 한 2시간 정도 계속 똑같은 애기만 하는 거예요.

면담자　　　뭐라고요?

창현 아빠　　　뭐 다 해주겠다, 가족들이 원하는 대로. 그 얘기를 하는데… 그러면은 그 황필규 변호사가 조목조목 따지는 거죠. 가족이 원하는 특별법에 대해서 조목조목 얘기하면 "그건 아니다" 이렇게 하면서, 거창하게 가족들 원하는 거 다 해주겠다면서 한 조목 한 조목씩 따지면 "아, 그건 아니다" 이렇게.

　　그때 저는 느꼈죠. '아, 이래야만이 여당 원내대표로서 [자리를] 유지하고, 오로지 진실을 덮고 국민은 안중에도 없고, 오로지 그 정권 지키기에 대한 그런 정치가 아닌가'. 그러니까 저희 가족들이 그 꼬라지를 봤으니까 오죽 속 터지겠어요. 그래서 [유가족들이] "꼴 보기 싫다", 나가서 싸우니까, [협상자리에 들어갔던 유가족들한테] 나중에 얘기 들어보니까 그냥 한두 마디 하고 먼 산 쳐다보고. 그리고 여당 대표들은 한 번 나가면은 30분이고 1시간이고 2시간이고 회의장에 다시 오지도 않고…. 저희들이 그 회의장 다시 가니까 없어요. 여당 대표들은 없고 야당 대표만 있고, 그 얼마나 지루하겠어요.

　　그렇게 말도 안 되는 거 가지고 계속 앵무새처럼 지껄이고 얘기도 안 하고 그러면서 오로지 그 시간 끌기… 그때부터 사실은 시간 끌기가 된 거 같아요. 지금까지 뭐 특별법 통과됐는데 뭐 반쪽자리 통과됐고 그다음에 또 시행령으로 발목잡고. 그 시행령이 월

등하게, 반대 표 몇 명 없이 국회를 통과했는데도 불구하고 대통령 거부권으로 맞서고, 이런 일련의 사건을 보면 정부는 오로지 그 시간 끌기, '이 박근혜 정부는 임기를 넘기는 것이 유일한 목표가 아닌가. 시간이 지나면 언젠가는 잊혀지겠지. 증거도 언젠가는 시간이 지나면 많이 퇴색하고 없어질 거다. 그리고 법적으로도 뭐, 그 정부 보관이라든가 기록 보관이라든가 그것도 시간 지나면 정부에서 더 이상 보관할 필요가 없으니까 시간 지나서 없다, 다 폐기했다 이러면 어떻게 보면 증거물이 하나씩 하나씩 시간이 지나가면서 없어지지 않나' 그런 안타까움도 있죠.

면담자   농성을 처음 시작한 것이 어디죠?

창현 아빠   그때가 국회, 그 본회의장인가 의원회관인가 어딘가 모르겠는데, 아마 의원회관 같기도 하고 정확히 확인은…… 원체 회의장들이 많아 가지고. 거기 회의장[의원회관 대회의실]에서 "여야 대표들 회의해라, 우리 지켜보겠다…" [하면서]. 거기서는 처음에는 농성을 했고, 나중에 국회 본청 들어가서 [본관] 입구에 좌우로… 거긴 텐트도 못 치니까 그냥 비닐 깔고 농성을 거기서…. 또 정확히 기억은 안 나지만 저희들이 청운동에서 67일[76일]인가 했고, 국회는 그보다 훨씬 더, 몇 개월 동안[119일] 했죠. 그렇게 힘들게 싸우고 그랬는데도 참 어떻게 보면 가족들이 국회 가서 몇 개월씩 노숙 농성하고, 청운동 가서 노숙 농성하고, 광화문에서 지금까지 하고 있지만 참, 그 너무나 박 대통령이 막나가는 것 같아요. 말도 안 되게 완강하고 고집불통이고 그런 것 같아요. 노무현 대통령 때 이런 말을 한 것 같아요. 그때는 박근혜 대통령은 국회의원 시절이죠, 김선일 피랍사건 때. "국가가 가장 근본적인 임무인 국민의 생명과 안전을 보호하지도 못한 것을 보면서 국민들은 정부의 무능과 무책임에 분노하며 국가에 근본적인 회의를 갖게 되었다"고 대정부회의 때인가 그런 얘기를 한 것 같아요. 한 명이 이렇게 죽었는데도 박근혜 대통령 그때 국회의원 시절, [국회의원] 신분임에도 불구하고 이렇게 국가에 뭐라고 몰아붙이고 했는데, 세월호는 304 배잖아요. 304배의 그런 참사를 겪고, 국민들이 다 지켜보는 가운데서 한 명도 구조 못 한 박근혜 정부… 글쎄요, 그때 국회의원 신분 때 마음과 지금 대통령이 가지는 마음가짐이 그렇게 정반대로 바뀔 수가 있을까. 구조 못 한 거 어느 정도 수긍을 해야 된다면, 그렇다면 그 뒷일이라도, 사고 [참사의 진상을] 철저히 밝히고 책임자[를] 처벌하고, 그리고 안전 대책 세우면은 국민들은 많이 그 대통령을 지지하고 성원해 줄 텐데, 그런걸 보면서 너무너무 미워요.

면담자 　 아버님, 국회 농성할 때 거의 매일 밤, 이렇게 격일로 계셨다고….

창현 아빠 　 국회에 있으면은 사실 그 씻는 게 제일 어려워요. 씻고 자고 옷도 갈아입어야 되고 이러니까 가서 며칠 있다가 집에 와서 다시 씻고 어떻게 보면 재충전도 좀 하고 그리고 다시 올라가고, 또 있던 분들 내려오면서 이렇게 그 지낸 것 같아요. 참, 제가

창현 아빠 이남석

그전에는 영업을 했었어요, 가구 대리점 하기 전에, 아주 오래전 얘기죠. 대리운전한 게 한 12, 13년 됐고 그 전에 가구 세일즈 영업을 했는데 화물차로 가구 싣고 어떻게 보면 전국을 돌아다니는 일을 하면서 서초동 거기에 검찰도 있고, 대검찰청도 있고 뭐, 지나가면서 제가 그 당시에 그랬어요. '야, 저기는 어떤 사람들이 지나갈까. 나는 평생 저런 데 갈 일이 없겠지' 그 생각을 했는데 세월호 사고 터지면서 1년도 아니고 몇 개월 만에 그 안 가본 데가 없는 것 같아요. 처음에 세월호 증거 보존 신청하기 위해서 대법원인가요, 검찰인가 법원인가 기억이 안 나는데 거기도 갔고, 검찰도 갔고 청와대도 갔고 국회도 갔고… 그 세월호 사고 터지고 몇 개월 만에 참 어마어마한 곳을 다 다녀봤어요. '참, 몇 십 년 전에 여기는 어떤 사람이 올까, 난 평생 한 번 갈 일이 없겠지, 올 일도 없을 거야' 생각했던 것이 참으로…. '이렇게 가족을 잃고 슬픔을 겪고 어디에다 하소연이 안 되니까 이렇게 나 같은 사람들이 있구나', 그런 생각을 하면서. 많은 사람들[이] 그러잖아요. "경찰하고 병원하고 법원하고 이런 데는 안 가는 게 좋다" 하는데, 세월호 사고 터지면서 병원도 많이 갔고 또 국가기관, 최고의 권력 기관 이런 데도 다 가보고. 안 가는 게 참 좋은 것 같애, 안 가는 게….

면담자   근데 처음에는 이렇게 길어질 줄 모르고 시작한 거잖아요.

창현 아빠   그럼요. 처음에는 100일 째 되면 모든 게 다 되겠지,

100일째도 안 되니까 그러면 200일째 되겠지 하면서. 교황님 오셨을 때 '야, 그땐 되겠지' [하고], 상당히 많은 가족들이 한편으로 약간의 우려도 있었지만 그래도 많이 희망을 가졌어요. '교황님 오는데, 오기 전에 이런 일이 아마 터지지 않을까', '광화문에서 이렇게 가족들이 농성하고 있으면 전 세계적으로 언론에도, 어떻게 보면 대한민국이 또 다시 그런 민낯을 드러내는 일일 텐데 그 전에 끝내지 않을까, 정부에서. 우리가 몰라도 너무 모르고 착각에 빠졌던 거 같아요.

면담자   앞으로 더 길어질 수도 있겠다, 이런 생각이 들기도 하셨어요?

창현 아빠   지금 정부에서 보상금을 받으라고 하는데, 지금 현재는 가족들이 얼마만큼 신청했는지 정확히 모르겠지만, 일단은 공식적으로 어제 저희가 가족총회를 했는데 133명은 국가에서 주는 보상금 안 받겠다 하면서 민사 소송 신청을 했어요, 아마 더 많은 가족들이 신청을 할 것 같은데. 그렇다면 민사는 길게는 한 12, 13년 이렇게 잡고, 짧게 끝날 수도 있다고 하더라구요, 최단기는 "그래, 가족들이, 너희들이 원하는 대로 다 해주겠다" 하면은 바로 끝날 수 있대요. 그렇지만 그렇게 되는 것은 아마 환상일 거고. 글쎄요, 제 생각에는 이 정권에서는 아마 끝나기가 어려울 거라고 생각하구요. 다음 정권, 국민이 정권교체라든가 여야 간에 그런 여소야대가 된다면, 된다면 또 어떻게 보면 급물살을 타서… 그렇게 좀 쉽게 끝나길 대부분 바라죠.

4
연관 검색어 김무성

면담자　아버님, 제가 오기 전에 보니까 다음[Daum.net]이나 다른 사이트에서 창현 아빠 넣으면 김무성이 연관 검색어로 뜨더라구요. 그 상황 좀 얘기해 주실 수 있나요?

창현 아빠　그때 저희가 한참 그 특별법 외칠 때죠, 특별법 외칠 때. 시행령인가 그런 것 같은데, 우리가 청운동에서 계속 노숙 농성하면서 [대통령] 얼굴 보고 싶다…. 대통령이 그랬잖아요, 대통령이 작년 5월 16일 날 가족들 청와대로 불러서 만나면서 "가족들이 여한이 없게 해주겠다. 언제든지 찾아오라" 이렇게 했어요. 뉴스에 나와서 모든 국민들은 다 아실 거고. 그런데 나중에 저희들이 그 청운동 가서 "얼굴 한 번 보자"[고] 면담 신청하는데도 못 하게 막고, 그래서 같이 청운동 농성하고.

　그러다 대통령이 국회에 온다는 그런 소식을 듣고 본청에… 가족들이 양쪽에서, 못 들어갈 것 같아서 미리 전날 들어가서 노숙 농성하면서 소리소리 질렀죠. 지금도 생각하는[나는]데요, 유튜브 같은 데 찾아보면 나올 텐데 "대통령님, 살려주세요" 소리소리 지르구요. 그 대통령이 안 볼 것 같아 가지고, 그때 한참 더울 때니까 아이스박스 밟고 올라가서 앞에는… 왜냐면 앞에는 뭐 대통령 경호원들이 쫙 있으니까 안 보일 것 같아서 아이스박스 밟고 올라가고, 피켓 들고 소리소리 지르고 그랬는데도 대통령은… 나중에 영상 보니까 글쎄요, 제가 보기에는 알 수 없는 미소만 딱 띠우면서 국회 본청에 들어가더라구요. '혹시나 국회 일정 때문에 시간이 없어서 우리랑 손 한 번 못 잡았나? 나올 때는 그래도 눈빛이라도 한 번 줄까?' [하고] 몇 시간을 기다리면서, 자리를 떠나면 그때 지나가면 어떡하나 해서 화장실 가고 싶어도 참으면서 기다렸는데, 나올 때도 또 똑같이, 들어갈 때처럼 똑같이 가족들이 소리소리 지르면서 '살려달라'고 했는데 매몰차게 지나가더군요.

대통령[의] 벤츠 타고 출발했고, 5분인가 10분인가 정도 지나니까 김무성 대표가 오길래… 그때는 대통령 가니까 경호원들이 쫙 없어졌죠, 그때는 만날 수 있죠. 국회에서는 여당 대표잖아요. 누구보다도 여당 대표면 제가 알기로는 권력으론 뭐, 순위로 치는 건 무의미하지만 그래도 최고의 높은 권력을 가진 분이 아닌가 해서 그분한테 달려갔죠. '진실을 밝혀달라. 살려달라'[고 했더니] 그냥 짧게 "가족의 뜻을 알겠다"[고 답하고는] 매몰차게 문 닫고 지나가더라구요.

면담자　　　그때 여러 생각이 드셨을 것 같은데….

창현 아빠　　글쎄요, 뭐 누구보다도 창현이한테 부끄럽지 않은 아빠가 되고 싶었어요. 창현이는 아무런 영문도 모르고 친구들과… 배에 탔던 많은 승객들, 304명이 무고하게 희생을 당한 거잖아요. 기성세대로서 이 나라가 생명보다도 돈이 우선인 나라[가 되어 버렸으니], 바뀌어야지 않겠어요, 누군가는. 우리 아이들이… 그 이 나라가 썩은 것을 바꾸라는 그런 숙제가 아닌가 해요, 숙제를 줬기 때문에. 또한 무고하게 영문도 모르고 오로지 그냥 "가만히 있으라. 특히 단원고 학생들은 절대 움직이지 말고 가만히 있으라" 이런 얘기…. 그러면서 그 방송 나올 때, 해경과 선장을 비롯한 선원들은 다 빠져나가면서도 방송은 여전히 "가만히 있으라".

저는 그것이 학살이라고 봐요. 같이 나가든지 대피하라고 하든지 해야는데, 자기들은 다 도망가면서 너희들은 가만히 있어라… 죽으란 얘기죠. 차라리 가만히 있으라는 방송만 안 했어도 애들은 다 나와서 살았을 것 같아요. 자기들은 도망가면서 니들은 가만있어라, 너희들은 죽어라 하는 소리죠. '가만있으라'는, 내가 듣는 '가만있으라'는 '너희들은 죽어라, 나는 도망간다' 이 얘기인 것 같아요. 그 때문에 엄연한 그 학살이라고 저는 생각하구요. 또 우리 아이들을 비롯한 304명이 대한민국 국민들한테 준 숙제라고 생각하구요. 뭐 힘닿는 데까지 그 진실을 밝히는데… 처음이라 지금은 사실 변함이 없어요.

면담자　　　그때 사실 무릎을 꿇는 게 흔한 일이 아니잖아요, 쉬운 것도 아니고. 근데 그렇게 하신 이유가….

창현 아빠　　제가 할 수 있는 것이 그것밖에 없잖아요. 부모들이 진짜로 권력 있다든가 돈이 많다든가 어떤 빽[백]이 있다든가 그럼 그런 것을 통해서라도 할 수 있었겠지만 단원고 학생을 비롯해서 세월호에 탔던 사람들은 제가 알기로는 지금 얘기한 것에[권력, 돈, 백이] 없어요. 그렇기 때문에 할 수 있는 일은 그냥 밝혀달라고 목소리 높이고 부탁 아닌 부탁을 하는 거죠.

면담자   그때 그 사진, 무릎을 꿇은. 어느 신문사에서는 작년 10대 이미지로 내보냈잖아요. 보실 때 어떤 생각이 드셨어요?

창현 아빠   저 같은 사람 또 나오면 안 되겠죠. 국민이 주인인데, 제가 주인이잖아요, 국회의원들은 저희들 세금으로 월급 받는 사람들이고. 근데 주인이 종한테 무릎 꿇는 격이 됐잖아요. 비상식적인 일이 상식이 돼버리는 이 나라, 선거 때 되면 국회의원들이 와서 무릎 꿇고 절하고 하잖아요. 그런데 당선되고 나면 반대가 되잖아요. 국회의원들은 초심을 잃어버리잖아요. 선거철에는 뭐 유권자들한테 별짓 다하면서, 간 쓸개 다 빼줄 것처럼 하면서 당선만 되면 자기가 훨씬 똑똑하고 유능하고 권력 가진 사람이다 하면서 으스대고 목에 힘주고 이러잖아요.

이러면 안 되는 거잖아요. 선거 운동할 때처럼 국민들을 섬겨야잖아요. 유권자를 섬겨야잖아요, 이게 상식이잖아요. 근데 그게 상식이 아니고, 자기는 힘 있고 권력 있다고 해서 무시하고, 또 4년 지나면은 또 며칠 동안, 선거 기간 14일인가 되잖아요, 14일 동안 바짝 엎드려가지고 또 유권자들한테 간 쓸개 다 빼주고 절하고 별

짓 다하면서 지나면 또 다시 내가 언제 그랬느냐 하면서… 이런 일이 계속 반복되잖아요. 국민들이 이런 걸 좀 알고 제대로 좀 보고 뽑아줬으면 바람이에요.

면담자　　국회 얘기 나와서 말인데요. 그때 국정조사 준비 과정이나 언론에 나온 것들 중에 기억이 남는 게 있으신가요?

창현 아빠　　국회 국정조사 할 때 저희들은 대부분 좀 김경일[목포해경 123정장]이 거짓말한 것… "해경인 줄 몰랐다"[고], 끝까지 국정조사 증인으로 나와서 거짓말하잖아요. 나중에 소리소리 지르면서 퇴장까지 당했는데, 국정조사 중에. 그리고 조원진이가… 김광진 의원이 이 얘길 먼저 하죠. [해경상황실 전화녹취록에] "대통령은 그 영상을 좋아한다. 빨리 보내줘라"[고] 되어 있다는 발언을 했는데, 그런데 [녹취록에] "그 영상을 좋아한다"라는 말은 없었어요. "좋아한다"더라 그 한마디 했다고 조원진이 왜 하지도 않은 얘기 국정조사에서 하느냐면서 "사과하라", 한마디 '좋아한다' 그 한마디 잘못했다고 사과하라고 해서 [김광진 의원이] 사과했어요. 사과하니까 그다음에는 또 뭐라고 나오느냐면은 "국정조사 의원[위원]에서 나가라. 같이 못 하겠다". 못 하겠다면서 또 파행을 봐요. 그 잘못한 부분을 분명히 사과했으면 넘어가지 그 '좋아한다' 한마디 가지고 이렇게 발목잡고 끝내 파행됐어요.

그 후로 국정조사 그러면 새누리당에서는 하면 할수록 자기들한테 계속해서 불리한 얘기가 나오니까 어쨌든 간에 안 하는 게 최선이겠죠. 그리고 하면서 조원진이가 "청와대는 컨트롤타워가 아니다" 하면서 조류 AI독감 비유를 해요. "AI 나왔을 때 청와대에서 최선을 다하라 하면은 청와대가 컨트롤타워냐". 세월호 참사하고 AI하고 비유를 해요. 그거를 보면서 "우리 새끼들이 닭새끼냐, 닭이냐" 하면서 우리 가족들 마음을 아프게 한 사건….

또는 그 당시 심재철 의원이 위원장이었는데요. 파행돼 가지고 야당이 나가고 저는 안에 있었어요, 파행돼 가지고 여당만 있었죠. 여당만 있어 가지고 그때 국정조사 속개, 뭐 시작은 했어요. 시작했으니까 제가 손 들고 "한마디 해도 되겠냐" 그러니까 발언권을 주더라구요. 그거는 회의 중이니까, 국정조사 회의 중이니까 발언권 줘서 하고 싶은 얘기 했죠. "위원장으로서, 위원장 하면은 여야를 떠나서 공정하게 회의를 진행해야 되고 파행을 막아야 [하는데 제가 보기에는 심재철 위원장은 상당히 자질이 부족한 것 같다" 하면서, 그런 그 얘기를 한 것 같아요. 제가 알기로는 방청석 있으면서 발언권 얻어서 얘기 한 거는 제가 처음이라는 얘기도 듣고, 그래서 나중에 나가려니까 속기록 하는 직원이 와서 "이름이 뭐냐, 몇 년생이냐" 그래서 "왜 묻냐"고 하니까 "이거는 기록에 남겨야니까 물어본 거다" 그러더라구요. 그러면서 "가족들이 참, 세월호 참사를 위해서 모든 게 다 최초다"라고 하더라구요. 광화문에 농성장 텐트 친 것도 최초고, 국회와 청와대 앞에서 농성하는 것도, 오래 농성하는 것도 최초고… 뭐 글쎄 왜 이렇게 다 모든 게 세월호 가족들이 최초가 됐는지 참, 그 뭐 좋은 뜻으로 얘기하는 건 아니죠.

창현 아빠 이남석

최초가 없어야는데, 좋은 일로 최초가 있어야는데, 대정부[정부를 상대로] 싸우고 이런 일로 최초가 됐다는 게 상당히 마음이 짠해요.

면담자　　농성 관련해서 더 얘기 못 하신 부분 혹시 있으신지요?

창현 아빠　　1주년이 지나고 정부 태도에 변화가, 확 바뀌었어요. 1주년까지는 어떻게 보면 가족들을 유가족으로 정부에서 이렇게 대해줬는데, 1주년 지나고 올해 4월 18일인가 서울광장에서 대규모 추모 집회가 열리니까 그때는 뭐 차벽을 6중으로 막고 그리고 뭐 캡사이신, 물대포[를] 엄청나게 쏘고. 저희는 물대포라고 안 해요, 캡사이신포라고 해요. 물탱크에 얼마나 캡사이신을 넣었는지… 저희들은 물대포가 아니고 캡사이신포라고 해요, 그마만큼. 캡사이신은 물에 약해 분명히 정부에서도 물대포에 캡사이신을 넣는 것도 어느 정도 양을 정해서 넣는 기준이 있을 텐데, 그 당시 물대포 쏘는데 최루탄 쏘는 것처럼, 연기처럼 물대포 쏘는데 얼마만큼 맵고 독해서 막 보니까 밑에는 진짜 횟가루처럼 물이 막 하얗게 해서 오고, 그때 뭐 기침 엄청나게 하고 눈물 콧물 다 쏟으면서 이렇게 강경하게… 저희 가족들, 시민들에게 무차별하게 [진압했어요]. 나중에 그 "캡사이신을 얼마만큼 쐈나" [하는 제목으로] 어느 신문사에서 [기사] 나온 거 보니까 뭐 몇 년치를 한꺼번에 그날 그렇게 사용을 했다 이런 얘기도 기사 뜨면서… 왜 이렇게 강경하게 세월호 가족들에게 대처를 하는지, 정부가 세월호 유가족들한테 이렇게 마구잡이로 대처를 해도 되는 건지 참… 세계인권위원회라든가 어떤 그 모든 힘닿는 데까지 알리고 싶고, 그런 걸 하고 싶어요.

5
청운동 일화, 사찰

면담자　아버님, 청운동에서 농성할 때 이렇게 앞에 못 지나가게 하잖아요. 사실 유가족들, 아버님 이렇게 지나가서 안에서 음식도 드시고 오셨다고….

창현 아빠　그 처음에는 막아요. 맨 처음에는 분수대를 못 가게 막더라구요. 그런데 소리소리 지르고 뭐 며칠을 싸웠죠. 그러니까 글쎄요, 경찰들이 어떻게 봤는지 "이 아저씨는 그냥 꼴통이니까 보내줘라" 그래서 그런지 몰라도 다른 사람들은 뭐 들어간다 하면 못 들어가게 하는데 내가 가면 그냥 보내주고 분수대까지는 자연스럽게 왔다 갔다 했죠. 내가 하고 싶은 피켓 시위 하고 거기 길 넘어가면은 청와대 들어가는 입구거든요. 들어가면 또 막아요. "왜 막냐. 여기 다 중국인 관광객도 자유자재로 왔다 갔다 하는데 왜 막냐" 그러니까 "뭐 아시잖아요" 그러더라구요. "뭘 아는데, 뭘 아시잖아요야?" 하니까 "저희들 입장도 봐주세요" [하더라고요]. 변명이[의 여지가] 없어요, 저희들도[자기들도] 근거가 없으니까. 왜 다른 사람들 다 지나가는데 나를 막는 이유가 없잖아요.

면담자 · 　관광객들은 안에도 들어갈 수 있었나요?

창현 아빠 　그럼요, 다 들어가요. 왜 못 들어갑니까? 내가 하도 열받아서 이런 말도 했어요. "야, 대한민국 국적 포기하고 중국 가서 중국 국적 따오면은 여기 갈 수 있겠다. 드러운 대한민국에서 자국민은 못 들어가는데 중국인은 들어가는데, 이게 말이 되냐" [하면서] 소리소리 치고, 나도 열받으니까 거기 들어가는 횡단보도 막고 주저앉고, 거기 청와대 202경비대가 쭉 막으면… 중국인 관광객들이 상당히 많았어요, 거기 분수대가 거의 꽉 찰 정도로 많았어요, 관광객들이 거기 횡단보도 지나가야는데 나 땜에 쫙 막히니까 못 지나가죠. [중국 관광객들은] 사이사이로 지나가고, 나도 갈라[하]면 나를 막고 [해서] 거기서도 진짜로 뭐 엄청나게, 며칠인지는 모르겠지만 하여간 수도 없이 싸웠어요.

　그래서 거기 가면은 "왜 가려고 하냐"고, "나 거기 민원 넣으러 간다"고 [하면] 청와대에[는] 안 된다고, 처음에 안 된다고 [했어요]. "아니 대한민국 청와대에 민원 넣으러 가는데 안 되는 게 뭐가 있느냐. 당신이 뭔데, 당신이 뭔데 막느냐. 이거 월권 아니냐" 하면서 수도 없이 [싸웠어요]…. 월권이잖아요, 사실 국민이 청와대에 민원 넣으러 가는데 왜 막냐구요. 그러면서 "한 명은 되고 두 명은 같이 가면 안 된다"고, 이런 말도 안 되는 잣대를 대면서 뭐 엄청나게 가족들을 막 탄압했어요. 그러니까 거기 계속 있으니까 전담 정보관 하나[를] 나한테 붙였는지… 그것까진 모르겠지만 하여간 거기 청운동사무소에 있을 때 분수대라든가 가면은 어느 정보관이 [저를]

찾죠. 뭐 하여간 아양 아닌 아양을 떨면서 그러더라구요. 그래서 청와대 앞까지 가서 거기 있고, 그 넘어가면 거긴 유명한 집들이 많이 있나 봐요. 단팥집도 유명하고… 거기 있으니까 아는 사람들이 "저기 가면 뭐가 유명한 집 있다"면서 그러더라구요. "나 거기 간다. 거기 가서 맛있는 것 좀 [먹으려 하는데]… 왜 못 지나가게 하느냐" 이러면서, 그것도 한두 번 아니고 계속 싸워야 해서, 넘어가서 나를 감시해야니까, 밥 먹는 것도 같이 먹고, 먹으니까 뭐 자기가 산다면서 밥값도 뭐 본인이 낸 적도 있고 그랬죠. "밥은 [당신이 밥값을] 내서 잘 먹었는데 다음에 하겠다"고, "내가 할 일을 안 하는 거 아니니까 [앞으로는] 막지 말아라"[고 했더니] 자기가 그런 생각 없다고, 알았다고 [해서] [저는] "잘 먹었다" 그러고. 사실 뭐 제가 할 일은 세월호를 알리고, 경찰들 귀찮게 해서 그런 일이 청와대에 귀에 들어가면 그래도 좀 조금이라도 대통령 마음이 좀 바뀌지 않을까… 그렇게 청와대 가서 경찰들하고 이렇게 싸운 것 같아요.

면담자   저 같으면 그냥 가만히는 안 있지만 어쨌든 여러 명 같이 있는 데, 농성장에 있었을 것 같아요. 아버님은 계속 생각하고 들어가 보고….

창현 아빠   누구라도 갈 수 있는 곳이잖아요. 근데 막는 자체가 잘못된 거예요. 저는 사실상 한 곳에 오래 있는 건 그렇게 잘 못 있어요. 그래 가지고 청운동에 있을 때도 오전에는 거기 주위에 있는 산들 등산하고… 거기 앉아 있으면 매연하고 뭐 청운동사무소가 하수구에서 어떻게나 냄새가 나요[나는지], 밤에 자는데 거의 가스실처럼 메탄가스가 엄청나게 올라와요. 사실 많이 거기 있는 사람들 힘들었고, 아침 일찍 일어나면 주위 산 한 번 돌아가면은, 그때 제가 노란 옷 입고 지나가면은 산 거기에도 한 100미터 간격으로 경찰들이 쫙 있어요, 청와대 뒤에.

면담자   원래 안 그렇잖아요.

창현 아빠   초소가 그렇게 있어요, 다 들려요. "세월호 몇 점 지금 여기 가고 있음" [하고] 거기 가면 또 무전[을] 해요. 제가 처음에 산 올라가면은 내려올 때까지 계속 무전[이] 다 들리잖아요. "여기 가고 있음" [하고] 자기들끼리 완전히 뭐, 어떻게 보면 그 산에 올라가는데도 다 보고하고. 그 건너편에 인왕산인가요, 그쪽 이름은 모르겠는데 거기도 올라가니까, 제가 동사무소에서 아침에 일어나면 어디로 가는가 보고를 하나 봐요. 그쪽 산에서도 보고하고, 그렇게 그 경찰들이 할 일 없는 것 같아요.

면담자   혼자 주로 다니신 건가요, 아니면 다른 아버님도 같이 다니셨나요?

창현 아빠   혼자는 잘 안가고 산행할 때는 한두 명이 이렇게 더, 두 명 정도는 같이 다녔어요. 왜냐면 나도 사실 불안하잖아요.

면담자   어떤 점이 불안하셨나요?

창현 아빠   어떻게 보면 정보관들이… 많은 의문사들이 있었잖아요. 혼자 있으면은… 지금은 좀 그러지만 그 전에는 항시 밤길 다니면은 뒤돌아보고 누가 있나 이렇게 지켜봤어요. 우리 1기 집행부[임원]들이 음주로 해서 그런 사고 터진 것도 글쎄요, 뭐 제가 보기에는 현재까지 보면은 그런 단순한 사고가 아니라고 봐요. 늘, 제가 알기로는 '집행부들은 누가 어디에서 무슨 일 하는지 정보관들[의] 감시 대상이 아닐까, 그리고 가족들이 모여서 무슨 얘기하는지는 정보관들이 다 알지 않을까', 그런 생각을 해봐요.

면담자   그렇게 생각하는 이유가 있으신지요?

창현 아빠   우리한테 많이 들켰잖아요. 우리가 [진도에 내려가던 중에] 저기 [군산]휴게소에서 그 정보관이 우리 미행하는 거 밝혀서 물어보니까 처음에 아니라고 발뺌하다가 나중에 시인을 하죠, 경찰이 시인을 하고…….

면담자   어디 휴게소인가요?

창현 아빠   정확히 어딘지, 어느 휴게소인지 모르는데, 저희 내려가는데 들켜가지고 나중에 뭐라고 하냐면 "우리[를] 보호하기 위해서 그랬다"고.

면담자   아, 진도 내려갈 때요?

창현 아빠   진도 내려갈 때요. 그런 일이 한두 번이 아니고 여러 번 있었으니까 우리도 늘 느끼죠. 항시 어디 가든 세월호 가족들은 정부기관에서 감시 대상이다, 특히 집행부들은…. 그리고 또 어떻게 보면은 '정부에 대해서 좀 강력하게 투쟁하는 분들은 아마 그런 대상이 아닐까'라는 생각도 하고요. 제 핸드폰도 계속해서… 똑같은 핸드폰이 두 개인데요. [그렇게] 한 이유는 계속해서 오작동이 있고 그러기 때문에, 글쎄 뭐 첨에는 그냥 단순하게 바이러스 먹어서 그럴 수도 있겠다 해가지고 그 서비스[센터] 가서 포맷해서 다시 했는데 얼마 안 있으니까 또 그러더라구요. 그래서 그냥 그건 놓고 하나 더 사자 [해서 새 핸드폰을 쓰고 있어요]. 근데 지금 폰은 괜찮은데 지금 집에 있는 폰은 배터리를 뺐났는데 배터리 꺼놓으면요, 꺼놓아도 지가 켜져요. 좀 있으면 켜져요, '띠리띠릭' 별 지랄 다하고요. 또 꺼요, 또 끄면 좀 있으면 또 지가 켜져요.

면담자　　어떻게 그렇게?

창현 아빠　　켜졌으면 별 지랄 다 해가지고 저기 있는 폰은 아예 그냥 배터리를 빼놓은 상태이고. 글쎄 이 폰은 그 [옛날]폰 때문인지는 몰라도 이 폰은 말썽은 안 생기는 것 같아요.

면담자　　신기하네요.

창현 아빠　　재밌어요, 재밌는 일 많아요.

기억에 남는 간담회

창현 아빠   그때 도봉서에서 46시간 만에 나왔잖아요. 광화문 들렀다가 도봉서에 있으면서 제가 밥 한 끼 안 먹었어요. 열받기도 하고, 내가 왜 여기 이 자리에 갇혀 있어야 하는지 열받기도 하고, 이 정부가 원망스럽기도 하고, 이 정부가 주는 더러운 밥 먹기도 싫고 그래서 사실 안 먹었죠, 열불도 나고. 그런데 도봉서 나와서 있다가 광화문으로 왔죠. 광화문 와서 잠깐 들렀다가 이젠 국회에서 안산 오는 버스가 있어요. 그 버스를 타고 오는데, 그 생각하니까 막 천불이 나더라구요. 그래 가지고 버스 안에 사람이 많잖아요.

면담자   일반 버스였나요?

창현 아빠   그렇죠. 일반 좌석버스. 좌석버스에서 그 초청받지 못한 그런 간담회를 한 10분 정도 했나요? 세월호에 대해서 왜 가족들이 싸우고 있는지 시민들이 알아야만이 동참하고 그럴 것 같아서, 한 10분 정도 오면서. 이젠 그 제가 좀 목소리가 커요. 커서 다 들리게끔 우렁차게 얘기했죠. 끝나고 나니까 시민분들이 박수도 쳐주고 그렇죠[그랬죠].

면담자   저녁시간이라 실제로 거기서 퇴근하는 분들이 많았을 거 같은데요.

창현 아빠   그렇죠. 좌석[이] 꽉 차고 서 있는 분이 한 10명 정도,

이렇게 있었죠.

간담회를 보니까 『금요일엔 돌아오렴』하고 나서도 어머니랑 같이 하시고… 간담회 하면서 기억에 남는 다른 일화가 있으신지요.

간담회 하니까, 한 번 더 얘기해 볼까요? 경찰들한테 간담회를 몇 번 했어요, 청운동에서도. 그 청운동 건너편, 그 동사무소 건너편에 거기 한겨레에서 하는 재단이 있는데, 거기에서 있는데 경찰들 삥 둘러싸였어요, 가족들 못 나가게. 시민들도 못 들어오게 막고, 나가지도 못하게 막고, 거기 경찰들 보면은 100명이 넘죠, 다 에워쌌으니까. 거기에서도 간담회를 해요, 경찰들한테. "너희들이 지금 이 막고 있는 것이 정당한 공무집행이냐, 내가 보기에는 아니다…". "직업 경찰들한테는[로서는] 어쩔 수 없이 먹고 살기 위해서 위의 명령을 따르는 입장일 텐데, 부당한 그런 명령이라면 당당하게 거부할 줄 알아야 너희들 나중에 자녀들한테 부끄럽지 않은 부모가 되지 않겠느냐".

그리고 경찰들도 세월호에 대해서 모르는 부분도 분명히 있을 것 같아서 그런 부분도 간담회 하고, 또 1주년 때는 광화문 현관 앞에서 저희들이 또 갇혀 있었죠. 거기는 경찰들이 더 많았죠. 거기서도 똑같이 간담회를, 경찰들 들으라고. "너희들 지금 하고 있는 것이 정당하게 하고 있는지…" 우리 가족들이 왜 이러고 있는지 낱낱이 경찰들한테, 지나가는 시민들은 없으니까, 다 경찰들이 우리

가족들 에워싸 가지고, 얘기는 해야 되겠고, 할 사람은 경찰들 다 에워쌌으니까 경찰들한테 다 설명을 했죠, 그런 설명…… 서로 이렇게.

그 최근에 무안에 □□교회라고 있는데 거기 간담회를 갔어요. 거기 가니까 글쎄요, 다른 곳과 좀 비교한다면 거기는 완전히 강경하게 정부를 비판하더라구요. 심지어는 박근혜 퇴진까지 얘기하고 있었고, 국정원 해체하라는 구호도 나오고, 부정선거, 대선에 대해서 부정 개표라든가 이런 것들 얘기하고, 곳곳에서 막 또 교회인데 또 여기저기서 활동가들 와서 같이 얘기 나누고. 또 그런데 가면 뭐 이것저것 고추, 풋고추도 싸주고 밑반찬, 젓갈도 이렇게 싸주고 그러면서 그런 거. 이런 거 주는 거 사실 안 받는다 해도, 준비해왔는데 안 받으면 예의가 아닌 것 같아서. 그런 게… 어떻게 보면은 가족들이 가면은 자기가 하고 싶은 얘기, 막 응어리에 담았던 얘기를 누군가에게 해야 풀리잖아요. 그런 얘기 하면서 풀리고, 또 나를 지지해 주는 그런 시민이 많다는 것을 직접 확인하고 그렇게 되면은 상당히… 어떻게 보면은 사실은 내가 살기 위해서 그런 간담회 다닌 것 같아요.

어느 부모님이 그러더라구요. 초창기 때, 진짜로 힘들어할 때, 처음에는 [다른] 부모님에 의해서 손에 끌려서 한 번 간담회 갔는데 한 번 가고 나니까 자기도 얘기하고 싶고, 그래서 다니면서 처음에는 몰랐는데 간담회 다니니까 내가 살겠더라, "집에 있을 때는 별생각 다 드는데, 그랬는데 내가 살기 위해서 간담회를 다닌다…"

이런 얘기[를] 해요. 저 역시 그 한동안, 한 일주일 동안 슬럼프에 빠져가지고 이것저것 다 귀찮고… 일주일 동안 있으니까, 나는 우울증 걸리는 사람들한테 이런 얘기를, 생각을 가지고 있었어요. '야, 저 사람들은 먹고살 만하니까 우울증 걸리지, 진짜 하루 벌어 하루 먹는 사람들한테는 우울증이 안 걸린다'고. 제가 그 일주일 동안 그냥 집구석에서 처박혀 있으니까 진짜 우울증 걸릴 것 같더라 구요. 별 생각… 저도 상당히, 내가 나를 판단하기에는 상당히 활발하고 활달한 성격이고, 이렇게 뭐 많은 사람과 잘 어울리지는 못하지만 그래도 몇몇 사람들은 잘 어울리는 성격인데도 불구하고, 한 일주일 동안 그냥 집구석에 있으니까 바로 이상한 생각 들더라 구요. '아 이러면 안 되겠다' 해서 분향소 나오고 가족들 만나고, 어디 무슨 뭐 간담회라든가 무슨 행사라든가 있으면 찾아다니니까 그게 없어지더라구요.

그래서 우리 가족들한테 좀 제가 부탁드리고 싶은 생각은 뭐냐면, 이게 활동하는 사람들은 어떻게 보면 그… 이렇게 표현하면 좀 이상할지도 모르겠는데 '복'이라고 생각해요. 활동하는 사람들은 '복 있는 사람'이라 생각하고, 활동을 않고 집에 계신 분들은 참 많이 힘들어할 것 같아요. 저도 이렇게 활발하고 그런 성격인데 일주일 동안 집구석에 있으니까 별 생각이 다 드는데, 마음[이] 아파서 밖으로 못 나오고 집에 있는 그런 부모님들은 막 별 생각 다 하실 것 같아요. 그분들이 상당히 힘들 것 같아요. 더더욱 정부에서 계속해서 "배상받아라" 이런 문자받고, 또 신청하고 받은 사람들은 더 힘든 상황이 오지 않을까, 그런 우려를 해봐요.

　며칠 전에 국민 성금이 들어왔어요. 신청한 사람들은 통장으로 들어왔는데, 얘기 들어보면 그거 보고 또 그렇게 펑펑 울고 그런 것 같아요. 정부에서 주는 그 돈 받으면 부모로서는 어떻게 보면은… 정부랑 싸우는데도 어떻게 보면은 어려움도 있고, 내 생각에는 약간의 어려움도 있을 것 같고, '이게 자식의 목숨과 바꾼 돈인가' 이렇게 생각하면은 저 역시, 나 역시 힘든 그런 생활이라든가 생각이 들어요. 참, 그 자식 먼저 보내고 살아간다는 것이, 평생을 이런 마음으로 살아야잖아요. 그게 제일 큰 아픔이 아닐까, 뭐 잊을래야 잊을 수도 없는 거고 잊혀지지도 않고 평생을 안고 가야[하]는 그런 삶….

　제가 그 광주 어머님[5·18희생자의 어머님]이랑 만나서 얘기할 기회가 있어서 했는데요. 거의 한 90 가까이 되는 그런 부모님인데, 제 두 손을 꼭 잡으면서 이런 말씀을 하시더라구요. "잊을래야 잊을 수도 없고 잊혀지지도 않고, 내가 눈을 감아야 잊어진다" 하면서 "어쩌겠나, 그렇게 살을 수밖에 없다" 하면서 "부모 된 도리가 아닌가" 그러면서, 눈물 흘리면서 저한테 그런 말씀 주시고 가더라구요. 아마 그 부모도 아마 제 나이 때쯤 그런 그 일을 겪었겠죠. 광주사태가 지금 35주년이니까, 제 나이가 51이니까 35 더하면은 96이네요, 86인데, 그담에는 참 하루하루를 그렇게 35년을 보냈잖아요. 이거를 뭐 정부에서 돈 몇 푼 줘서, '이게 보상금이다' 하고 덜컥 주는데… 평생을 그렇게 살아야는데 정부는 "이 예산이 천안

함보다도 더 많이 준다" 뭐 "다 국민 세금이다" 하면서 말도 안 되는 거짓말로 국민들과 가족들 이간질시키잖아요. 정부[에 있는 사람들도 어떻게 보면은 다 자식 있을 것 아녜요. 자식이 있는데 그렇게 자식 잃은 부모들한테 그렇게 막말을 하고 그러는지… 글쎄요, 그런 것들은 아마 인간이 아니라고 봐요. 인간의 탈을 쓰고는 그럴 순 없다고……. 어떻게 인간의 탈을 쓰고 자식이 죽었는데 그렇게 거짓말로 국민들을 호도하고 돈 몇 푼 주면서 엄청난 돈을 주는 것처럼, 도저히 인간으로서는, 인간이라면 그러면 안 되는 거잖아요.

7
가장 화났던 일

면담자   아버님, 그 얘기가 나와서 그런데 지난 1년 동안 가장 화났던 일이 뭐셨어요?

창현 아빠   그 1주년 지나고 그 경찰들이 막 물대포 쏠 때가 제일 화가 난 것 같아요. 아까도 얘기했지만 물대포가 아니고 캡사이신포를 쏜 격이니까, 그냥 그 뭐 맞아서 콜록거리는 게 아니고, 그 주위에 경사로 인해서 물이 앞쪽으로 흘러내리는데, 그 물이 바닥에 흐르는데 그거 맞고 막 숨 못 쉴 정도로 하고. 또 많은 내외신기자[에게]도 직접 물대포[를] 막 쏴가지고 고가의 그런 카메라도 많이 망가졌거든요, 직접 내외신기자한테도 막. 기자들이 그때 촬영하기 위해서 그 버스 지붕에서 촬영하고 그랬어요. 그런데 뭐 그 물대포를 기자들한테도 직접 막 쏘고…….

면담자　　　시위대가 아니고 기자를 아예 겨냥해서 쏜 거네요.

창현 아빠　　기자인지 다 알죠, 카메라 들고 촬영하는데. 그러니까 제가 보기에는 '기자들 찍어서 [방송에 내] 보내지 말라' 그런 의도로밖에 생각을 않는 거죠. 그런 것도 있었고, 또 그 500일 때, 추모제 할 때… 추모제 끝나니까 "해수부에서 설명 들으러 오라" [세월호 500일 추모문화제 직후 해수부가 유가족들에게 배·보상 신청하라는 문자를 보냄] 이런 것도 사실 마음이 아프고. 또 정치인들이… 저는 더 맘이 아파요, 화가 나요. 뭐 조[원진]…이라든가 심재철이라든가, 그런 분들은 다 알 거 아녜요, 어떻게 된 건지. 그러면서 심재철 같은 경우는 카톡[카카오톡]에… 기록이 있나 모르겠네, 지인들한테 보내면서 왜곡된 보도 막 돌아다니는 그런 일 가지고, 배상을 한다든가 이렇게 허위보도[를] 내면서 그 가족과 국민들 간에[을] 분열시키는….

　　심지어 가족들이 특별법 만들어서 TV 수신료라든가, 대학 특례입학이라든가, 또 배·보상을 월등히 많이 받는다든가 이런 식으로 해가지고, 국민들에게 "특별법은 가족을 위한 그런 특별법이다" 해가지고 정부와 국민들과 가족들 간[을] 이간질시키는 것까지…….
아직도 나이 드신 분들은 우리가 나가서 금요일, 토요일 피켓 시위하면은 한마디씩 꼭 하고 가요. "쯧쯧" 한다든지, "그만 좀 해라"라

창현 아빠 이남석

든지, "니들 때문에 장사 경기가 안 좋다"라든지, 한 번씩 하죠.

그런 말도 안 되는 유언비어를 퍼뜨리고, 또 종편에서는 잘 아시다시피 [1기] 집행부가[의] 대리운전기사 폭행사건을 두 달 가까이 떠들었잖아요. 하루에 수도 없이 많은 사건사고[가] 터지는데, 제가 알기로는 살인사건, 재해로 하루에도 수십 명씩 죽는데, 술 한잔 먹고 폭행한 거 가지고 몇 개월 동안 종편에서 떠들 일인가? 우리나라 종편은 진짜로 뭐 세월호를 죽이기 위한 또는 반정부, 정부에 대한 비판적인 시위라든가 이렇게 오픈이 된 사람들을 죽이기 위한 그런 종편이라고 봐요. 제대로 된 그런 그 종편이라면 그렇게 단순한 그 폭행사고 가지고 2개월 동안 그렇게 방송 나갈 일이 [아니지요]…….

면담자   아버님, 그 기억나는데, 기사 중에 유민 아버님 때문에 기자회견 했던, 아버님 이렇게 사진 나와 있던데요. 그때 기자회견 하시면서 드셨던 생각이나 느낌… 같이 단식하고 그러셨잖아요.

창현 아빠   같이 단식했죠. 정확히 어떤 상황인지 잘 이해는 안 가지만 유민 아빠가 어떻게 보면은 그 생사를 왔다 갔다 하면서까지 [단식에] 잘 참여했잖아요. 그런데 정치인들이 막말하잖아요. "저렇게까지 단식을 하면은 죽었어도 벌써 죽었다" 이런 말을 했던가요. "도저히 저렇게까지 갈 수 없다. 단식하면서 뭐 먹지 않았느냐" 이런 식으로 얘기를 하고, 유민 아빠에 대한 음해 하고, "이혼했다" 이런 얘기도 털리고. "아빠로서 한 게 아무것도 없는데 왜 지금 와서 이렇게 단식을 하느냐" 등 여러 가지 음해성 발언…. 그리고 오죽했으면은 유민 아빠가 자기 통장을, 이런 내역을 다 공개했을까, 보면은 한숨밖에 안 나오네. 같이 단식은 했는데 유민 아빠 참 강단 있고… '내가 잘 못해줘서, 유민이한테 잘해준 게 너무 없어서 이거라도 해야겠다' 하면서 맘먹고 오래 버틴 것 같아요. 저 역시 그랬잖아요. 김무성한테 왜 무릎 꿇었냐 물어봤잖아요. 저도 이것밖에 할 수 없었어요. 유민 아빠도 아마 같은 심정이 아니었을까 생각해요. 그렇게 같이 단식했던… 그 가족들과 광화문에서 다섯 명에서 같이 단식도 해봤고 마음도 아파해 봤고. 저는 이 단식[을] 한 번도 해본 적이 없어요[없었어요]. 진짜 세월호 겪으면서 속된 말로 별 것 다 해봤어요. 아까 얘기했지만 뭐 주요 정부기관부터 해가지고 단식도 하고 뭐 도보도 해보고… 진짜 짧은 1년 기간에 아마 평생 할 것 다 해본 것 같아요.

면담자 그 얘기 들으니 생각나는데, 책『금요일엔 돌아오렴』보니까 장례 치르고 나서 김문수 지사가 오고 나중에 석연치 않은 것들, 법의관이라든가 와서 얘기한 부분이 짧게 나오던데요, 그 부분 좀 자세히 얘기해 주세요.

창현 아빠 책에 있는 거… [참사] 다음 날 올라왔잖아요, 올라왔는데 저뿐만 아니고 그 당시 장례 치르면서 다른 부모님들 알게 돼서 얘기해 봤는데 한결같이 다 "금방 죽은 것 같다. 애들이 너무너무 깨끗하다"[고] 하시는 거예요. 사실 그 에어포켓, 한창 그때 말이 나왔을 때죠, 에어포켓이 있었느냐. 그래서 가족들이 거기에 대해서 의문점도 있었고, 그 당시 제가 창현이를 봤으니까 상당히 거기에 대해서 의문점을 가져서 김문수 지사 왔을 때 그런 얘기 했었죠. "창현이 금방 죽은 것 같다. 그때까지 살아 있었던 것 아니냐" [하니까] 김문수 지사가 그러면 자기가 한번 연결을 해주겠다, 법의학자[를]. 그때가 휴일인 것 같아요, 토요일인가 일요일인가 여기저기 하니까 전화[를] 안 받더라구요. 어떻게 한참 하다가 연결이 돼서 그날 왔더라구요, 법의학자가. 그분이 하는 얘기가… 그거는 과학적으로 얘기한 거죠, "그때 바다 수온이 한 17도 됐었고, 그러면서 지금 죽으나 1주일 전에 죽으나 똑같다, 설령 [부검을] 해봐도 그거는 밝힐 수가 없다…".

면담자   사망 시간을 말하는 거죠?

창현 아빠   그렇죠. "언제 정확히 사망했는지는 밝힐 수가 없다", 그래서 제가 더 답답해서 "속 시원하게 풀 줄 알았는데 그렇지 못해서 상당히 유감이다" 했더니 법의학자가 한마디 하더라구요. "개인적인 얘기인데 한마디 해도 되겠냐"고, "하시라" 했더니 "자기 친척이 누가 죽었는데 거기 못 가고 여기 왔다" 하면서, 제가 조금 실망스럽다고 말했더니 "자기도 가족 장례식장 가야는데 못 가고 여기 왔는데 그런 말 들으니까 너무나 유감이다" 이런 식으로 얘기하더라구요.

면담자   만약에 그때 가능성이 열려 있게 의견을 얘기했다면 이후에 다른 조사에도 영향을······.

창현 아빠   그래서 그 얘기[를] 제가 하고, 뭐 그때는 가족들 간에 연락처가 제대로 알려진 게 없어 가지고 그렇게 많이 공유는 못했지만 많은 가족들이 한결같이 저하고 똑같은 얘기를 많이 하더라구요. 그래서 어떤 부모님은 "부검을 한다" 하는 뉴스까지 나온 것 같은데 끝내 부검은 안 했어요, 내가 알기론.

면담자   김문수 지사는 장례식장에 온 건가요?

창현 아빠   네. 장례식장[에] 왔어요. 창현이가 일찍 떠오르니까 저는 일찍 치러가지고··· 창현이 때는 그 정치인들 또 많이 왔었고, 또 지나가는 시민들도 상당히 많이 왔어요. 나중에 물어보죠, 어떻게 되시냐 물어보면 "지나가는 시민인데 너무 마음이 아파서 왔다" 그런 분들이 상당히 많았어요. 너무너무, 그분들한테 이 자리를 빌어서[빌려서] 감사하다는 말씀 전해드리고 싶어요.

8
살아갈 목표는 진상 규명

면담자   아버님, 앞으로 살아가면서 목표가 있다면 어떤 것인가요?

창현 아빠   글쎄요. 엊그제께 호성이 엄마가 이런 말을 하대요,

살아갈 목표가 분명히 하나 생겼다, 진실을 밝혀내는 목표가···. 저도 거기에 대해서 똑같은 공감을 하구요. 그동안 제가, 이 참사 겪기 전까지는 저도 사실 그 방관자였어요. 이 나라에 살아가면서 어떤 이슈가 있을 때 행동으로 못 했거든요. 어떻게 보면 저도 이 세월호 참사에 대해서 공범일 수도 있어요. 정부가 정치를 제대로 못하는데 감시하고 활동하고 했어야는데 저도 거기에 대해서는 어떻게 보면 국민의 한 사람으로서 직무유기라고 봐요. 그래서 앞으로는, 그동안 정부를 감시하고 해야는데 그렇게 못 한 거에 대해서 남은 인생에 대해서는··· 많은 시민단체 활동들 열심히 하고 있는 걸 알고 있구요. 거기 대해서 같이 동참하고, 제가 힘닿는 데까지는 많이 같이 하면서 좀···.

이 나라가 경제 발전이 확 일어나는 것도 중요하지만 최우선은 비리 없는, 누구나 다 열심히 일하는 그 대가를 받는 그런 나라, 깨끗한 나라, 죄를 지으면··· 권력 있는 사람들은 어떤 방법을 통해갖고 죄[죗값]를 안 받잖아요. 경찰에서 조사받을 때 빠지든 검찰로 넘어가면 검찰에서 빠지든 나중에 그것도 안 되면 법원에서 판결로 빠지든 어떻게든, 하여간 빠지잖아요, 그게 문제라고 봐요. 분명히 죄를 지으면 죗값을 받으면 되는데 죄를 져놓고 죗값을 안 받을라니까 이 나라가 타락했다고 봐요. 진짜로 법은 힘없고 돈 없고 권력 없는 사람들한테 법이지, 권력 있고 돈 있고 빽[백] 있는 사람들한테 이 법은 아무 의미가 없다고 봐요. 법은 누구나 다 공평하게 판결을 받고 그래야 되는데, 그렇게 비정상이 정상으로. 그런 이중잣대를 들이대는 것, 분명히 비정상을 그대로 두면 안 되고, 정상이 유지되는 그런 나라[로] 가는데 조그만 힘이 된다면 일조하고 싶어요.

면담자   만약에 그게 이루어진다면 앞으로 인생에서 하고 싶은 것이 있으신가요?

창현 아빠   음, 글쎄요. 뭐 저는 시골에 태어나서… 지금도 그렇지만 시골서 살고 싶어요. 도시 여기는 아파트 숲이고, 옆에 누가 사는지도 모르고, 그런 것들이[식으로 사는 경우가] 거의 많은 사람[대부분]이잖아요. 저 사람이 우리 집 위층 사는지 옆집 사는지, 저 집 애가 누구 있는지도 모르잖아요. 그런데 시골은 저 집 숟가락이 몇 개인지 다 알잖아요. 어떤 일 있으면 같이 아파해 주고 좋은 일 있으면 같이 축하해 주고 그러면서 살고 싶어요. 같이 좀 정도 나누고, 시골 같은 데서 같이 뭐 이야기도 하고 좋은 일 있으면 함께하고, 뭐 서로가 돕고 사랑하면 사는 게 행복한 삶이 아닐까요, 또 의미 있는 삶이 아닐까요.

면담자   아버님, 오늘 마지막으로 얘기했어야 되는데 못 했다 싶은 거 얘기해 주시면….

창현 아빠   글쎄요. 뭐 제가 잘 정리를 못 하고 두서없이 내 얘기만 했는데 한 가지 아닐까요. 그 남한테 배려하는 삶을 산다면 이 나라가 한층 더 밝고 행복한 그런 나라가 아닐까 생각해요. 학교부터… 우리가 직장[이든] 어디든 다, 상대방을 어떻게 보면은 짓

밟고 올라가서 출세하는 그런 사회구조, 일률적인 학교 수업이라 든가, 모든 것이 다 이렇게 몇 명에 의해서……

학교 다닐 때 이런 말씀[을] 하시더라구요, 우리 고등학교 선생 님께서. 그때는 뭐 학생 상당히 많았죠, 50명[도] 넘은 것 같은데 "이곳에서 같이 수업받지만 대학교 갈 사람 몇 명 안 된다". 더구나 시골이었으니까 "몇 명을 위한 수업이지 너희들 다 공통된 수업은 아니다" 하면서 진짜 그 1, 2프로를 위한 그런 학교 교육, 그런 거 같아요, 몇 명을 위한 교육이 아니고, 몇 명을 위한 이런 정치가 아 니고, 대한민국의 모든 국민을 위한 교육이고 정치로 이렇게 바뀐 다면 이렇게 경쟁적인 삶을 살지[않아도 되지] 않을까 생각해요. 남 을 짓밟으면 내가 성공할 수 있다는 것이 아니고, 같이 윈윈하는 그런 사회구조를 좀 만들어서 서로가 우애하고 사랑하는 그런 사 회로 나갔으면 해요.

9
가족들

면담자   아버님이 창현이 어렸을 때 사춘기 겪는 과정 얘기 하면서도 그랬는데 '오마이뉴스' 인터뷰인가, 지갑을 항상 열어줄 때 가져가지 않았던 돈 이야기… 그게 연결되는 것 같아요. 창현이 가 그런 것 같아요, 배워서. 사실 저는 어렸을 때 엄마 지갑에서 조 금씩 가져갔거든요.

창현 아빠   그게 뭐 글쎄, 저도 어렸을 때 가져간 적도 있죠, 가져간 적 있었고. 우리 때는 사실 어려웠잖아요. 그런데 지금[은] 아이들은[이] 많지 않잖아요. 세 명인 가정도 거의 없잖아요. 많아야 둘이잖아요, 하나인 게 많죠. 그렇기 때문에 좀 부모들은 자식들한 테 모든 걸 다 올인하면서 사는 것 같아요. 저 역시 자식이 어떻게 보면 내 인생의 전부인 것처럼 살았는데, 그렇기 때문에 뭐 그 용돈 달라면 특별하게 않는 이상은 달라면 줬으니까, 굳이 뭐 아버지 지갑에서, 부모 지갑에서 뺄 일은 없을 것 같아요. 그만큼 자식이 부모에 대해 신뢰하지 않았나 그런… 나 역시 '창현이에 대한 신뢰를 하자' 그런 생각도 들어요. 한번은 그런 오해[를]한 적도 있어요. 분명히 저는 지갑에 얼마 있는지 잘 몰라요, 진짜로 잘 모르기 때문에. 꼼꼼한 성격이 아니고 지갑에 얼마 있는지 정확히 잘 모르는데, 그때는 돈이 얼마 안 있었던 것 같아요. 예를 들어서 2, 3만 원 있었던 것 같은데 만 원이 비더라구요. 그래서 집사람한테 물어봤죠. "내 지갑에서 만 원 빼갔냐"고 그러니까 "안 빼 갔다"고 하더라구요. 그래서 "아들이 빼갔나" 그러니까 집사람이 "창현이가 그걸 왜 빼 가냐"고, 하긴 그냥 어디든 돈 있으면 자기 돈 아니니까 서로 안 가져가요. 그래서 '이상하다, 이상하다' 한참 고민을 하고 나중에 보니까 그 만 원을 내가 누구를 빌려줬더라구요, 빌려준 거를 까먹고. 나중에 집사람한테 그 얘기를 [하니까]… "것 봐, 애들은 절대로…" 그때 더더욱 믿음이 갔죠. '아, 내가 착각해서 창현이를 의심했구나'. 어떻게 보면 그때 많이 창현이한테, 잠시라지만 의심했다는 거 자체가 상당히 많이 미안하더라구요.

면담자   아무래도 어머니와 ○○이가 힘들어하는 것들을 지켜보게 되시잖아요.

창현 아빠   ○○이가 처음에 창현이를 봤을 때 충격……. 아직 저랑은 이렇게 그 세월호를 겪은 얘기를 잘 안 나눴어요. 저 역시 거기에 대해서… 웃는 것도 사실 미안도 하고 자꾸 하고 싶지 않은 얘기 더 꺼내면은 아파할 것 같기도 하고, 본인이 얘기를 하면은 좋을 텐데 아직 저랑은 그렇게 세월호에 대해서 얘기를 많이… 많이가 아니고 거의 나눈 적이 없어요, 언젠가는 나누겠지만. 창현이가 20일 날, 9월 20일이 생일인데 19일 날 토요일이니까 토요일 날 하자, 생일잔치를. '이웃'에서 하기로 했어요. 거기에는 창현이 친구라든가 여러 선후배도 아마 초청돼서 올 것 같은데, ○○이한테 "너도 가자" 이러니까 본인은 "안 간다" [하더라고요]. 더 이상 얘기를 못했는데 아직도 많이 그 마음이 닫혀 있고 힘들어하고 그래요. 저도 굳이 강권을 못해요. 그래서 교회 가서 ○○이 친구들한테 그 얘기를 했죠. "창현이 생일날인데 같이 좀, ○○이랑 같이 좀 왔음 좋겠다. 아마 ○○이는 가기 싫어하는데 너희들이 얘기해서 같이 오면 좋을 것 같은데" 했더니 자기들이 "얘기해 보겠다" [하더라고요]. 올지 안 올지는 아직 모르겠지만 그만큼 ○○이가 아직도 많이 마음 아파하고 있어요. 글쎄 뭐 어디 부러지고 찢어지면 시간 지나면 낫겠지만 마음에 충격과 아픔은 언제 치유가 될지, 얼

마나 걸릴지도 모르기 때문에… 창현이 엄마나 저나 거기에 대해
서 상당히 좀 기다려줘야 될 거에요. 본인이 마음이 열리고, 그때
가 언제일지 모르겠지만 좀 빨리 아픔을 털고 같이 지냈으면 바람
이 있어요.

창현 아빠 이남석

4회차

2019년 2월 26일

1
시작 인사말

면담자　　　본 구술증언은 4·16 사건에 대한 참여자들의 경험과 기억을 기록으로 남김으로써 이후 진상 규명 및 역사 기술에 기여하고자 합니다. 지금부터 이남석 씨의 증언을 시작하겠습니다. 오늘은 2019년 2월 26일이며, 장소는 안산시 단원구 4·16기억교실 교육장입니다. 면담자는 김익한이며, 촬영자는 강재성입니다.

2
4·16합창단 활동과 커피 나눔

면담자　　　아버님, 저희가 15년 9월에 구술하고 몇 년이 지났어요. 그 사이에 상황도 많이 변해서 아버님의 생각을 여쭈려고 합니다. (창현 아빠 : 네) 최근 근황은 어떠셔요?

창현 아빠　　　지금 근황은 뭐 이제 5주기가 가까워지면서 합창단이 열심히 활동하고 있구요. 또 공연도 많이 있고, 미국에서도 초청해서 거기에 대한 준비도 하고. 이번에 3·1절이 100주년이라 거기에 대해서 3개 합창단이 처음으로 광화문에서 행사를 한다고 해서 저희 4·16합창단도 거기에 함께… 해서 지금 새로운 곡을 받은 후 [공연까지] 얼마 안 남아서 아주 맹연습하고 있어요.

면담자   아버님은 합창단에서 또 독특한 역할을 오랜 기간 하고 계신데 그것도 좀 소개해 주시죠.

창현 아빠   합창단에서 커피를 내려드리고 있는데요, 그 커피를 후원해 주신 분이 계셔 가지고. 덕분에 저는 그냥 열심히 봉사만 하고 있습니다. 그래서 커피 좋아하시는 우리 가족들 또는 회원들이 상당히 신선한 커피를 직접 마실 수 있어가지고 너무 좋아하고, 남들이 좋아하니까 저 역시 또 좋습니다.

면담자   그분이 합창단에 커피 제공한 게 거의 3년은 되지 않아요?

창현 아빠   네, 오래됐어요. 한결같이 계속해서 커피를.

면담자   원래 어떤 일 하시던 분이에요?

창현 아빠   저하고는 그렇게 많이 친분은 없는데, 우리 [합창단 테너] 파트 중에 동혁 아빠라고 있어요. 그분이 처음에 알게 되어가지고 그분을 통해서 커피를 받아가지고 내려드리게 되었는데, 건설 쪽에[서] 일하시는 것 같아요, 제가 보기에, 정확한 건 잘 모르겠지만. 그렇죠.

면담자   대단하신 분이네요. (창현 아빠 : 네) 사실 1, 2년은 가능해도 3, 4년 동안 가족들 옆에서 뭔가 나눔을 한다는 게 쉬운 일은 아니거든요.

창현 아빠   그렇죠.

면담자   아버님은 커피 내릴려고 바리스타 교육을 받으신 거예요?

창현 아빠   처음에는, 그때가 언젠지 모르겠지만, 제가 시간 개념이, 날짜 개념이 없어 가지고. 가족들이 한창 투쟁하다가 약간의 소강상태라고 그럴까? 그런 시기에 가족들을 또 이렇게 모아야 하는데 그런 구심점을 하기[만들기] 위해서 그때 이제 여러 가지 소모임을 해가지고, 뭐 커피 이런 교육도 있었고, 공방도 있었고, 뭐 여러 가지 있었는데. 아빠들은 족구라든가 이런 모임이 있을 때, 그때 엄마들 중심으로 해서 커피를 했는데 유일하게 아빠는 저만 그때 참석을 했지요. 커피가 어떻게 유래됐는지, 커피를 어떻게 먹어야 좋은지, 몸에 커피가 얼마만큼 좋은지 나쁜지를 좀 알고 싶어 가지고 참석을 하게 됐는데. 저는 늘 믹스커피가 입에 배어서 그게 맛있었는데 이제 직접 내려서 먹어보니까… 처음에는 먹어도 또다시 믹스커피를 먹었어요, 사실은(웃음) 맛이 안 나가지고. 점차적으로 아메리카노를 먹다 보니까, 이게 지금은 입맛에 맞는 것 같습니다.

면담자   그때 바리스타 프로그램을 어디서 진행했던가요?

창현 아빠   정부합동분향소에서, 컨테이너 박스에서.

면담자   공방 사업의 일환이었어요, 아니면 별도로?

창현 아빠   따로 거기, 이제 기독교 부스 거기에서 했죠. 장소가 거기가 좋아 가지고.

면담자　　바리스타 교육을 누가 처음에 제안하셨어요? 또 교육하실 분 섭외하고 가족들 모으고 하는 건 누가 했어요?

창현 아빠　　그때 예은 엄마가 주도적으로 한 걸로 제가 알고 있습니다.

면담자　　예은 엄마가 가족들 모으고 바리스타 선생님도 섭외해서 정부합동분향소 기독교방에서 교육이 진행되었던 거네요?

창현 아빠　　그때 일주일에 한 번씩, 2개월 정도 했습니다.

면담자　　같이 바리스타 교육받으신 엄마들은 누구누구였어요?

창현 아빠　　예은 엄마 있었구요, 동혁 엄마도 계셨었고… 여러 분이 계셨는데 잘 기억이 안나요(웃음). 기억력이 없어요.

면담자　　맞아요, 우리가 기억력이 그 사이에 엄청 감소되어 가지고. 어쨌든 아버님 믹스커피 드시다가 아메리카노 드시게 된 것뿐만이 아니고 합창단에서 아버님 입지를 딱 굳히는 결정적인 계기가 되지 않았나(웃음). 제가 감동스러웠던 것 중에 하나가 공연을 야외로 나가기도 하고 여러 군데를 나가는데, 공연 때마다 아버님이 커피를 탈 수 있는 도구와 재료를 갖고 오셔서 현장에서 계속 커피 서비스를 하셨잖아요. 지금도 하십니까?

창현 아빠　　네, 지금도 합니다.

창현 아빠 이남석

면담자 　　　공연 갈 때 그걸 집에서부터 준비해서 가기가 만만치 않을 텐데.

창현 아빠 　　　행사장에서 내릴 수가 있는지 미리 알아보고, 뜨거운 물을 [사용]할 수 있는지 보고 가능하면 거기 현장에서 내릴 수 있으면 내리고, 거기는 음식물 이런 게 반입이 안 된다 이러면 준비를 않고, 못 내려주는 거죠.

면담자 　　　그러니까 제가 기억에 남는 게, 그걸 뭐라 그럽니까, 이렇게 물을 따르는….

창현 아빠 　　　드립.

면담자 　　　네, 드립하는 도구까지 다 갖고 와서 (창현 아빠 : 네, 그렇죠) 아주 열악한 환경임에도 [그] 나름 제대로 된 바리스타가 커피를 내리는 느낌을 주시면서 현장에서 서비스를 하시고 계신 거죠.

창현 아빠 　　　그렇죠. 커피는 내려서 금방 마셔야 향도 좋고, 그래도 맛이 있죠. 커피는 꼭 입으로만 먹는 게 아니고 코로도 맡는, 그런 향이 맛이 더 좋죠. 시간이 지나면 커피는 향이 다 날라가니까. 바로 내려서 마시는 커피가 아마 제일 맛있는 커피가 아닌가 생각합니다.

면담자 　　　나눔이지요. (창현 아빠 : 그렇죠) 아버님이 어떤 순간에도 커피를 나누려고 애쓰고, 합창을 한다는 건 사람들과 4·16을 함께 공감하고 마음을 나누려는 거잖아요. 그게 저한테는 되게 인상적으로 잘 어울리게 느껴졌어요. 아버님이 단원들에게 커피를 주시고 단원들이 그 커피를 마시면서 서로 주고받는 감정이랄까, 그런 것들은 뭘까요? 아버님은 어떤 걸 느끼세요, 커피를 제공하시면서?

창현 아빠　　글쎄요, 저는 남이 행복해야 나도 행복하지 않나 생각이 들어요. 예를 들어서 선물을 받는 사람들은 주는 기쁨을 모르잖아요. 그런데 사실 받는 것보다도 선물을 줬을 때가 받는 사람보다도 훨씬 더 기쁨이 크거든요. 아마 저도 커피를 내려주지만, 그 사람이 커피 받는 것보다도 제가 커피 드리는 입장이라고 생각하면 제 기쁨이 훨씬 더 크지 않나 그런 생각이 들어요. 그동안 살아가면서 남들한테 많은 빚을 지고 살았잖아요. 사람은 누구나 다 혼자 살 수 없는 그런 사회이기 때문에, 더불어 사는 사회잖아요? 그래서 많은 사람들한테 살아가면서 도움을 받았다면 지금쯤은 아마 도움을 좀 주면서 살 수 있는 그런 삶을 살아야···. 사람은 언젠가 눈을 감을 때가 되면 후회하지 않을까, 그래도 후회하더라도 조금 덜 후회하지 않을까 그런 생각이 들기 때문에 가급적 내 여건이, 환경이 주어진다면 많은 분들한테 좀 베풀면서, 작은 거지만 베풀면서 살고 싶은 그런 생각입니다.

면담자　　창현이가 지금 아버님 말씀 들으면 어떨 것 같아요?

창현 아빠　　글쎄요. 창현이 얘기 나오니까 그러는데요, 처음에

는 창현이 보내고 많이 슬퍼했고·그랬는데 곰곰이 한 번 생각해 봤
어요. 창현이가 하늘에서 엄마, 아빠를 지켜보며 늘 힘들어하고 울
고 슬퍼하고 이런 모습을 좋아할까, 아니면 엄마, 아빠가 창현이
하늘나라로 보냈지만 진짜 행복하게 사는 모습을 바랄까, 그렇다
면 아마 저는 후자라고 생각해 가지고 행복하게 살려고 많이 노력
하고 있어요. 하늘에서 창현이가 보고 있으면 아빠가 잘하고 있다
고 응원의 메시지를 주지 않을까 생각합니다.

면담자   사실 창현이 보내기 전에는 우리가 되게 바쁘게 살
았잖아요.

창현 아빠   진짜 정신없었죠.

면담자   굉장히 바쁘게 살았는데, 지금 하시는 커피 나눔은
그런 의미에서 아버님 삶에서 상징적인 의미를 갖는 거잖아요. 참
사 전후에 아버님의 변화가 이 커피 얘기로 잘 느껴지네요. 보기에
좋습니다(웃음).

창현 아빠   (웃으며) 그래요?

3
특조위 활동에 대한 소감

면담자   이제 2015년 말, 2016년 이때 얘기를 하려고 하는데

요, 그 시기는 우여곡절 끝에 특조위가 늦게나마 시작이 된 시기예요. 특조위 시작할 때 아버님은 어떤 소회가 있으세요?

창현 아빠   그때는 특조위가, 그 전에는 집권 여당에 상당히 유리하게 인원이 배치됐지만 '세월호 특조위' 같은 경우는 그래도 저희 가족들이 열심히 투쟁해서, 지금은 여당이지만 그 당시 민주당은 야당이었죠? 그 야당하고 대한변협과 대법원하고 법원하고 [추천하는 지분을 통해] 가족들 참여가… 들어가서 [가족들이 추천하는 위원들이 많이 들어가서] 인원수로는, 저희가 싸우는 데 대해서는 쉽게 돼서 잘 풀릴 줄 알았어요, 사실은. 그래서 모든 일들이 잘 순조롭게 풀려서 원만하게 진행될 줄 알았는데. 사무처장인가요? 사무처장은 그때 집권당, 그전에 한나라당인가 거기 추천위원이 됐기 때문에 그 사람이 모든 걸, 재정적인 이런 것들을 다 잡고 있었기 때문에 뭣 하나… 조사 같은 것 하려고 해도 돈이 있어야 조사도 하고 여러 가지 할 수 있었는데, 철저하게 그런 쪽으로 많이 막혔고. 인원도 그때 120명으로 법에도 통과됐지만 계속해서 그 당시 여당, 한나라당이 계속해서 방해공작 해서 인원도 제대로 충원이 안 됐고. 그때 조사국장인가요, 아마 그분도 여당 추천을 해가지고, 추천을 받아야 임명이 되는데 끝날 때까지 조사국장이 임명이 안 됐어요. 사실 잘 될 거라고 기대는 했는데, 철저하게 집권당 한나라당이 방해를 해서 끝까지 제대로 이루어지지 못했죠. 기간이 1년 6개월임에도 불구하고 거의 6개월은 잘라서 먹었고, 법에도 명시되어 있는데 거기에 대해서도 깡그리 다 무시하고 그러면서 백서도 제대로 못 내고. 사실상 너무나 미명에 끝나가지고 다시 저희들이 이대로는 안 되겠다 해서 다시 2기 특조위를 만들어서 지금 하고 있는데, 2기 특조위만큼은 지금 정권도 바뀌었고 해서 잘 풀어나가야 되는데, 시간도 많이 지나서 증거물도 어떻게 보면 훼손도 많이 됐을 거고, 없어졌을 거고, 사실상 녹록하지 않을 것 같습니다.

면담자 우리가 공무원을 접한 게 팽목에서 해경, 해수부 등을 접했구요, 그다음에 안산에서 활동하시면서 안산시 공무원들을 접했고, 시위 현장에서는 경찰을 접했고, 특조위가 만들어지면서 파견직 공무원들을 만나게 된단 말이에요. (창현 아빠 : 그렇죠) 그 특조위 활동과 파견직 공무원들에 대한 아버님의 인상은 어떠셔요?

창현 아빠 파견직 공무원들은 기간이 지나면 다시 복귀가 되잖아요. 그렇기 때문에 정부의 눈치를 안 볼래야 안 볼 수가 없죠, 다시 이제… 그 딱 시한부니까. 1년 6개월이면 1년 6개월 딱 끝나면 원래대로 [본래 소속했던 기관으로] 복귀하기 때문에 제대로 자기의 의지대로 할 수가 없다고 봐요, 정부의 눈치를 봐야 되고. 또 공무원 사회는 직급에 따라서 윗사람을 적극적으로, 명령에 복종도 해야 되고 눈치도 봐야 되고 그렇기 때문에 자기들 소신대로 제대로 근무를 못 하고 윗선의 눈치를 많이 봤을 거라고 생각합니다.

면담자 1기 특조위를 만들기 위해서 2014년 전국을 돌아다니면서 서명을 받고, 그다음에 국회, 광화문, 청운동에서 노숙을 하시고, 그렇게 해서 겨우 따낸 게 특별법이고 그 특별법의 실행체가 제1기 특조위잖아요? (창현 아빠 : 네) 결국 특조위가 유가족들의 2년간 투쟁의 결과물인데, 되게 힘드셨을 것 같아요. 이 질문을 하는 이유는, 14년에 특별법 투쟁을 하면서 결국은 수사권과 기소권을 양보하면서 법률을 만들었단 말이죠. 막상 16년에 특조위가 진행되는 걸 보고 여러 생각이 오갔을 것 같아서, 후회라든지 이런 것들을 포함해서 2016년 초에 특별법에 대한 생각이 어떠셨는지 여쭙고 싶어요.

창현 아빠   특조위 하면은 진짜 강력한 특조위를 저희들은 원했죠, 수사권과 기소권[을 가진]. 그런데 당시 민주당에서는 생각조차를 안 한 것 같아요, 수사권이라든가 기소권 자체를. 그러니까 한 발 빼서 협상에 들어가다 보니까 그 당시 집권당에서는 조사권만 가지고 계속 협상하고, 그마저 다른 것도 민주당에서 너무 투쟁심이 없이 나약하게 싸운 것 같아요. 나중에 이야기 들어보니까 이거를 양보해서라도 타결해야만이 '조사가 되면은 그나마 여론에 의해서 점차적으로 더 많은 걸 얻을 수 있을 거다' 이렇게 했다고 하는데, 사실 조사권만 가지고 할 수 있는 게 한계가 있잖아요. 집권당에서 계속해서 방해공작 하고, 뭣 하나 자료 하나 달라면 없다고 하고, 안 주면 그만이고. 무엇보다도 청와대 자체에서 적극적으로 이 세월호 진상 규명을 방해했기 때문에, 일선 해수부라든가 해경이라든가 모든 데서는, 해군도 있겠지만, 자료 자체를 상당히 방해를 했죠, 주는 데. 그러다 보니까 특조위에서 활동할 수 있는 게 너무… 어떻게 보면 무기력하게 그냥 시간만 보내고 만 것 같아요.

면담자 　　　일종의 좌절의 경험인데, 그러면서 '앞으로의 특조위가 진상 규명과 관련해서 어떤 행위를 해야 되겠다, 나는 어떻게 해야겠다' 이런 생각을 하셨는지요?

창현 아빠 　　　그 당시를 말씀하시는 거예요?

면담자 　　　네, 2016년 당시에.

창현 아빠 　　　참, 할 수 있는 일이라면 다 하고 싶었어요. 그래서 언론이고 누구고 여기에 대해, 세월호에 대해서 인터뷰를 하자고 하면 거절한 적이 없어요. 하물며 그 당시 지금의 종편, 이런 데서도 연락 오면 했어요. 다른 사람들은, 가족들은 "그런 쓰레기 같은 데 왜 하느냐?" 그렇지만 그곳에서라도 있는 그대로 좀 알려주고 싶었고, 어떻게 보면 진짜 진상 규명을 꼭 해야만이 이런 참사가 일어나지 않고, 무엇보다도 엄마, 아빠들이 아이들이 죽었는데 왜 죽었는지도 모르고 계속해서 길거리에 노숙하면서 싸우는 그 자체가 너무너무 힘들었고. 그래서 진상 규명을 꼭 해야 하는 이유, 방법이 뭐든 다 하고 싶었어요, 진짜 무엇이든, 무엇이든. 그렇기 때문에 엄마, 아빠들이 삭발도 하고 단식도 하고, 할 수 있는 별의별… 안산에서 진도까지, 진도에서 서울까지 도보도 하고, 진짜 처절하게 싸웠던 것 같아요. 그렇게 싸워서 그나마 지금의 [조금이나마 유리한 상황이 만들어진 것 같아요]… 진상 규명이 아직도 거의 안 밝혀졌지만, 밝혀진 건 거의 없지만, 그렇기 때문에 지금도 계속해서 세월호에 대해서 많은 국민들이 알고 있고. 많은 국민들은 지금 세월호가 다 끝난 줄 아는데, 밝혀진 건 아무것도 없잖아요. 밝혀진 건 아무것도 없고, 그냥 시간만 계속해서 하염없이 흘러가고 있고. 진상 규명이 된다면 뭐든지 할 수 있는 건 다 하고 싶어요. 하물며 제가 그 당시에 한나라당 김무성 대표한테 국회에서 무릎도 꿇었는데, 그 꿇은 이유는 진상을 좀 밝혀달라고, 제가 무릎을 꿇어서 '도와달라'고 얘기했지만. 할 수 있는 일, 가족들이 진상 규명에 대해서 밝힐 수 있는 일이라면 무엇이든지 다 하고 싶어요. 5·18도 거의 40주년이 가까워지지만 아직도 발포[명령]자는 밝혀지지 못했잖아요. 세월호도 그렇게 많은 시간이 지났음에도 불구하고 이 진실이 안 밝혀진다면, 저는 사실 그게 두려운 거예요. 시간이 지나면 지날수록 많은 사람들 기억에서 점점 더 희미해질 거고, 또 다시 이런 참사들이 계속해서 일어날 수 있다는 게 저로서는 너무 가슴이 아픈 거죠.

면담자　　아까 했던 바리스타 이야기, 창현이가 응원할 것이라는… 과거의 삶하고는 완전히 다른 새로운 삶, 그런 삶을 생각하시는 측면, 한편으로 진상 규명을 포함한 4·16의 과제들을 끝까지 최선을 다해서 하고 싶은 마음, 결국 이 두 가지가 아버님의 현재 삶을 규정하지 않나 싶어요. 드리고 싶은 질문은, 두 가지가 다 너무 어렵지 않아요?

창현 아빠　　두 가지라 어려운 건 아니구요. 행복하게 살 수 있는 삶은 내 마음가짐을 어떻게 갖느냐에 따라서 행복해질 거라고 저는 믿어요. 아프리카의 사실상 어려운, 먹고살기 힘든 나라에서 행복지수를 물어보니까 잘사는 선진국보다도, 진짜 잘 못 먹고 내 집도 없고 내 차도 없고 이런 분들이 오히려 더 행복하다는 이런 지수가 있듯이, 자기가 어떻게 생각하느냐에 따라서 행복한 삶을 살수 있고 느낀다고 저는 생각해요. 그렇게 생각하고 있습니다, 거기에 대해서는.

이제 진상 규명에 대해서는, 이것은 우리 아이들이 엄마, 아빠한테, 또는 많은 국민들한테 숙제를 주고 간 거라고 생각해요. 이거는 내 새끼가 죽은 게 아니고, 우리 대한민국 엄마, 아빠들의 새끼들이 다 죽은 거라고 저는 생각하고 있거든요. 그래서 많은 국민들이 세월호에 대해서 아파하고 있고, 많이 동참도 하고 호응도 해주고 위로도 해주고, 어쨌든 간에 많은 국민들이 함께 해줬기 때문에 그래도 가족들이 힘을 더 얻어서 많이 싸울 수 있는 그런 계기가 됐고. 광화문에서 많은 시민들이 함께, 국민들이 함께 해줘서 촛불을 들고 정권도 바꿨잖아요? 그게 어떻게 보면, 저는 [촛불혁명] 도화선이 된 것은 세월호의 역할이 매우 크다고 생각하고 있는 사람 중에 한 명이거든요. 세월호 유가족이어서 이런 얘기를 하는 게 아니고, 진짜로 많은 국민들한테, 시민들한테 물어보면 "세월호 부모님들의 역할이 컸다" 이런 얘기를 종종 듣거든요. 거기에 대해서 저도 같이 동감하는 편입니다.

면담자   사실 이번에 정권이 교체된 것도 사회 변화의 결과

물로서 이루어진 것이고, 그러니까 그런 사회 변화 전체가 지속적으로 이루어지는 것과 진상 규명을 하겠다는 어머님, 아버님들의 어떤 실천이랄까, 이런 것들이 같이 맞물린 것으로 볼 수 있겠네요. 시간이 엄청 많이 걸릴 텐데, 그렇게 보시면?

창현 아빠   바뀌겠죠, 시간이 걸려서더라도 바뀌야죠, 바꾸고. 저 역시 사회 변화에 대해서 또는 약자에 대해서 함께 연대하고 싸울 충분한 의지가 있고, 세월호 가족, 부모님들이 그런 생각을 가지고 있는 분들이 거의 대다수라고 저는 생각하고 있습니다. 그중에 4·16합창단이 진짜로 힘들고 아파하는 사람들, 힘없고 이런 분들 함께 연대하고 싸우는 것도 그런 사회의 변화에 대해서 조금의 힘이 되지 않을까 생각하고 있습니다.

4
한국 사회에 대한 생각 '돈, 권력, 지식'

면담자   특조위 얘기로 다시 돌아와서요, 특조위 하면은 당연히 선명하게 머릿속에 남아 있는 기억은 청문회죠.

창현 아빠   그렇죠, 그게 제일 역할이 컸다고 봐요.

면담자   청문회에서 기억에 남는 장면들과 그런 장면들에 대한 아버님의 어떤 생각을 이어서 말씀해 주시면 감사하겠습니다.

창현 아빠   글쎄요, 청문회에 많은 증인들이 나왔었죠. 그때 해경청장 김석균인가 그분도 나왔었고, 123정장도 나왔었고, 거기에 선원들, 123정 해경들도 나와서 증언도 했고. 무엇보다도 동수 아빠가 아이 사진 들고 나오면서, 공개는 이렇게 안 보여줬지만, 그렇게 아이가 많이 훼손돼서 나왔을 때 이야기라든가, 또는 고위 공직자들 하나같이 자기 책임에 대해서 '내가 책임을 지고, 모든 책임을 지고 제가 잘못했다' 하는 사람이 한 명도 없었다라는 거, 하나같이 서로가 자기 잘못은 아니고 다 그 밑에 직원들한테만 책임을 전가하고… 그런 거 보면서 '아, 진짜 고위 공직자라면, 자기가 책임을 지고 밑에 직원들을 보호하는 게 고위 공직자가 아닌가' 생각이 드는데요. 거꾸로 고위 공직자가 밑에 직원들한테 다 책임을 전가하는 것을 보면서 '참 뻔뻔해도 너무 뻔뻔하고 후안무치가 아닌가' 생각이 들어요.

면담자   한국 사회 전반에서 그런 것을 좀 많이 보시지 않습니까?

창현 아빠   그렇죠, 많이 그것을 보고 있죠.

면담자   특히 돈이 많다든지 (창현 아빠 : 그렇죠) 지위가 높다든지 권력을 많이 갖고 있다든지 지식이 많다든지, 이런 부류에서 많이 보셨을 거 같은데.

창현 아빠   그렇죠. 특히 우리나라 최고의 기업이라는 삼성에서 모든 편법과 부정을 다 일으키고 자기 권력으로, 돈의 권력으로 다 덮어버리고 이런 걸 보면서, 어떻게 보면 우리나라가 삼성공화국이라는 이런 이야기도 많은 사람들이 얘기하고 있거든요. 최고의 기업이라면 진짜 많은 국민들로부터 존경받는 그런 기업이 되어야 하는데, 오히려 최고의 기업이 어떻게 보면 국민들한테 상당히 지지를 못 받고 있는 것, 참 우리 서민들은 그런 거 보면 많이 이해가 안 가요. 그렇게 많은 돈이 있으면 진짜로 사회에 많이 기부도 하고 소외계층도 도와주고 그래야 하는데, 오히려 얼마를 더 벌고, 벌어야만이 자기 욕망이 채워지는지. 사람의 욕망이 끝이 없다고는 얘기하지만 그 많은 돈을 벌어서, 그것도 정정당당하게 벌었으면 좋을 텐데 모든 편법과 불법을 저질러서 그렇게 돈을 벌어야만 되는지, 그런 걸 보면 참 삼성 오너들한테 좀 묻고 싶어요.

면담자 　　　제가 기억이 생생합니다만 반올림[2007년 결성된 '삼성반도체 집단 백혈병 진상 규명과 노동 기본권 확보를 위한 대책위원회'의 별칭] 농성장에….

창현 아빠 　　　황유미[삼성전자 기흥반도체 공장에서 일하다가 2007년 급성백혈병으로 사망] 씨인가?

면담자 　　　합창단이 가서 (창현 아빠 : 네) 지원 합창을 하고 삼성 본관 주변을 돌면서 구호를 외치고 했던 기억이 지금도 생생해요. 아버님 그때 기억은 어떠셨어요?

창현 아빠 　　　저희들이 갈 때는 꼭 날씨가 추울 때만 가는 것 같아요, 그쪽에는 또 바람도 많이 불고 많이 추웠었는데. 그나마 지금은 타결돼서 한편으로는 다행이라고 생각하는데, 좀 일찍 좀 더 빨리 타결했었으면 좋았을 텐데, 그렇게 10년 넘게 황유미 씨 부모님들한테 힘들게 했을까, [그]뿐만 아니고 많은 그 유가족들한테 힘들게 했을까 그런 생각이 들구요. 그나마 많은 국민들이 호응하고 싸워왔기 때문에 늦게나마 타결되지 않았나…. 돈 많은 사람들은 그런 것 같아요, 시간 끌면 자기들이 이길 거라고 생각하는데, 자식새끼 죽었는데 10년이 걸려도 20년이 걸려도 끝까지 아마 저는 싸울 거라고 봐요. 부모님들의 의지와 힘이, 많은 국민들이 호응을 해주면 부모님들은 절대로, 자식을 먼저 보낸 부모님들은 절대로 포기 않고 끝까지 싸울 거라고 생각해요.

그 밑에서 있는데 보니까 삼성 본관이 엄청나게 높기도 하고 그런데, 그 어마어마한 빌딩에서 많은 부를 가지고 있는데, 진짜로 힘들고 아파하는 그런 부모님이잖아요, 진짜로 따뜻하게 보듬어주고 미안하다고 사과하고 사죄하고 그래도 부족한 판에 그렇게 10년 넘게 싸우게 한 모습을 보면 진짜 저는 나쁜 기업이라고 생각합니다.

면담자   권력을 가진 자들, 그다음에 지식이 많은 사람들이 또 있잖아요. 한국 같으면 법관이라든지, 신문사 기자들.

창현 아빠   그렇죠, 언론사들.

면담자   저같이 얼빵한 교수들(웃음).

창현 아빠   (웃으며) 뭐 얼빵해요, 얼빵하기는. 훌륭하신 분이

135
4회차

시죠.

면담자   지식을 가진 자들에 대해서도 엄청나게 실망을 하셨을 텐데, 그런 지식을 많이 가진 자들에게 하고 싶은 말씀이 있을 것 같은데요.

창현 아빠   사법고시 패스하면 참 좋은 머리를 가지고 있잖아요, 좋은 머리를 가지고 있는데. 진짜 좋은 머리를 진짜 좋은 데 써야 하는데, 자기 살아가는데 재물을 탐닉하고 권력을 탐닉하고 이런 데에서 최고로 좋은 머리를 쓰고 있기 때문에 우리나라에 어떻게 보면은 이런 사법부의 불신이라든가가 있는 것 같아요. 양승태가 지금 구속됐지만, 대법원장이면 국가 서열 3위인가로 알고 있는데 그런 분들이 진짜 뭐가 아쉬워 가지고, 우리나라 법에도 삼권이 딱 분리되어 있어 가지고 [사법부의 독립성을 지키며 재판을] 하면 되는데, 그거를 행정부와 결탁해 가지고 말도 안 되는 판결을 하고.

거기에 많은 밑에 있는 판사들한테 자기 직위를 이용해서 인사라든가 이런 걸 좌지우지 하는 걸 보면서, 그렇게 좋은 머리 가지고 좋은 보직에 있고 최고의 권력을 가지고 있는 분들이 왜 그럴까를 한 번쯤은 생각해 봤어요. '저 사람들이 왜 저렇게 살아갈까. 그거는 자기의 끝없는 욕망이 아닐까'. 사람은 '적당히'라는 게 있잖아요. 적당히 자기 직위도 만족하고 살아야 하는데, 그 직위를 끝없이 욕심을 내고 더 많은 것을 부를 갖고 싶어 하고 그렇기 때문에, 좋은 머리를 그런 쪽에 쓰고. 나중에 끝내는 감옥으로 가는 그런 비참한, 나이 들어가지고 그런 생활을 보면서·참 어리석은, 좋은 머리인데 어리석은 삶을 살지 않았나, 그런 생각이 들어요.

면담자   학자들은 어떻게 보셔요?

창현 아빠   학자들도 예를 들어서 이명박 정권 때 4대강에 대해서 많은 이야기를 했잖아요. 거기에 대해서 반대 의견도 하신[내신] 분도 있고 또는 정부의 편에 서서 적극적으로 정부 입장[을 대변하는 사람들도]에 있고. 학자들도 자기 소신대로 이야기하면 좋을 텐데, 그 소신이 아니고 권력에 의해서, 자기의 소신대로 이야기를 않고 어느 한쪽에 치우쳐서 이야기를 하면은 이게 바로 잘못된 학자의 길이라고 봐요. 저도 진짜로 권력을 가진 사람들한테 쓴 소리를 할 수 있는 사람들이 올바른 학자가 아닌가 생각이 듭니다.

면담자   이 사회를 움직이는 실질적인 힘은 그들 권력과 돈, 지식을 가진 자들에 의해서 발휘되고 있는데 (창현 아빠 : 그렇죠) 그러면 어찌 해야 되는 거예요, 우리는?

창현 아빠   많이 고민도 했어요. 이 나라가 많이 부패했는데 '나는 그러면 정당하게 삶을 살았나?' 이런 생각도 많이 들구요. 내가 먼저 바뀌지 않는 이상은 부정부패와 이런 것은 바뀌지 않습니다. 현직 검사가 '미투'를 했잖아요. 대단한 용기에 찬사를 저는 보냅니다. 그분을 통해서 많은 여성분들이 피해를 당했[던 사실을 밝히고] 미투가 계속해서 번지고 있는데요, 이 사회도 미투처럼 용기를 내서 해야 합니다. 밑에 직원이라고 해도 그런 부당한 일을 시키면

당당하게 이야기해야지요. 그래서 바꿔나가는 그런 계기가 되어야 하는데, 위에서 부당한 업무지시를 내리면 그거를 딸랑딸랑 하면서 받드는 것이 아니고 "이거는 잘못된 거니까 이거는 못 하겠다" 이런 것 좀 하면 좋을 것 같아요. 우리나라에도 부당한 업무지시를 내리면 작업 거부권을 행사할 수 있는 그런 법을 마련해서… 예를 들면 그런 것이겠죠, 회사에서 10톤 차에 한 20톤 실어놓고 가라고 그러면 작업자는 거부할 수 있는 그런 힘이 있어야 돼요, "이거 과적하니까 나는 못 가겠다" [하고 거부할 수 있는] 이런 게 법이 마련 돼야만이 작업을 거부할 수 있고, 업무를 지시하면 부당한 업무에 대해서 거부할 수 있고 이래야만이, 제도가 그런 것들 좀 마련해 줘야 힘없는 사람들이 당당하게 이야기할 수 있을 거라고 봐요. 국회가 진짜로 이런 일들을 많이 해야 되는데, 지금도 국회는 열리지 않고 공전상태인데, 참 국회라도 제대로 잘 돌아갔으면 좋을 텐데, 제일 잘못된 데가 국회가 아닌가(웃음), 생각이 듭니다.

5
교실 존치 및 생명안전공원 문제

면담자 　　2016년이 정말 답답한 해가 아니었을까 해요. 2015년은 엄청난 투쟁을 했기에 고통스러웠지만 그만큼 역동적인 활동을 펼쳤으니까요.

창현 아빠   그때 아마 『금요일엔 돌아오렴』 그 책이 나오지 않았나 생각해요. 가족들이 투쟁하면서 어떻게 보면 약간 그 주춤할 때가 있었거든요. 그때 『금요일엔 돌아오렴』이 나오는 바람에 전국에서 북콘서트를 초청해서 부모님들이 가면서 조금 확 올라온 것 같아요. 기억이 납니다, 아마 그때가 아닌가 싶어요.

면담자   2016년에 어쨌든 표면적으로는 소강상태이고, (창현 아빠 : 그렇죠) 그래도 뭐 여러 가지 일이 진행이 되고.

창현 아빠   맞아요, 맞아요.

면담자   그때 일어난 게 교실 문제였어요. 5월 9일 이삿짐센터가 와서 교실을 강제로 빼려고 한다는 소식을 어느 유가족이 전한 것이 계기가 돼서 5월 9일부터 농성에 들어가지 않습니까, 단원고 현관 앞에서. 일주일 정도 농성을 하고 결국은 교육청, 학교와 일정한 합의를 하고 농성을 푸는 일이 있었어요. 아버님도 그 자리에 계셨는데, 그 사건에 대해한 기억, 소감 포함해서 쭉 말씀을 해주시면 좋겠습니다.

창현 아빠   그때 부모님이 행정실에 아이 학적부를 떼러 갔어요. 그런데 거기서 제적처리가 된 것을 알고 [유가족들에게] 알렸었고, 그리고 교실 복도에 이삿짐센터 바구니가 쭉 있는 걸 보고 '아, 이거 교실 빼려고 하는 거다' 하고서 부랴부랴 가족들이 모여서 단원고로 갔었고, 거기서 농성을 하고, 교육감도 와서 얘기를 했고. 제적처리하면은 분명히 부모님한테 통보를 해야잖아요? 어떤 어떤 일로 해서 제적처리한다든가, 그런데 어떠한 말 한마디 없이 제적처리한 것에 대해서 가족들이 무엇보다도 분노했죠. 그 당시 이재정 교육감, 그때 현 교육감이었고 지금도 다시 선출돼서 현 경기도 교육감인데, 그 당시 제가 하도 열도 뻗치고 해서, 사실 진보 교육감이니까 저는 세월호 가족들[을], 단원고에 대해서 교실 존치 문제라든가 많이 이해해 주고 그럴 줄 알았는데, 글쎄 저희들이 너무 몰라서 그런지 몰라도 저희 생각과는 전혀 다른 쪽으로 흘러가고 있더라구요.

그때 언론사 기자들도 많이 있었고 해서 제가 교육감한테 얘기를 했죠. "아니, 진보 교육감이 이런 식으로 일을 처리하면 되냐"고 얘기했더니 대뜸 하는 얘기가 자기는 "진보 교육감이 아니다". 그러면 진보 교육감이 아니면 뭐냐 그러니까 "그냥 교육감이다" 이런 얘기를 하더라구요. 그래서 저 역시 많이 분노했고 또 많은 엄마, 아빠들이 진보 교육감이라 알고 찍어줬는데 지금 와서 자기는 진보 교육감이 아니다 얘기하니까 분노를 했죠. 그러면서 종교단체하고 여러 [단체들과] 가족협의회 임원들이 계속해서 그때 교실 존치 문제 때문에 협의를 했고, 하나같이 교실 존치에 대해서는 가족들 빼고는 다 부정적으로 얘기를 했어요. 글쎄요, 교실 존치… 저희는 아이 책상 하나가 어떻게 보면 개인적으로는 크게 의미가 없을 수 있어요. 그렇지만 세월이 많이 지나고 나면 이것이 세월호 참사 희생자들이 공부했던 곳이고, 이런 아픔이 또 다시 있으면 안 되겠다는, 어떻게 보면 교육의, 무엇보다도 생명존중에 대한 교육

현장이 아닌가, 그래서 보존해야 한다는 생각을 저는 가지고 있어요. 그곳이 부모님 욕심이 아니고 또 다시 이런 참사가 일어나지 않게 하는 현장의 교육장이고, 많은 사람들이 그거를 아파하고 참사에 대해서 또 다시 경각심을 갖고 이런 일이 일어나지 않도록 하기 위한 그런 교실 존치인데, 많은 종교계라든가 많은 시민들이 존치에 대해서는 그렇게 생각을 안 가지고 있더라구요. 어떻게 보면 지금은 옮겼지만 존치했으면 참 좋았을 거라고 저는 생각을 합니다, 안타깝게도 이루어지지는 않았지만.

면담자   교실 존치 문제와 관련해서 또 하나 아버님께 의견을 여쭙고 싶은 게, 2015년까지만 해도 안산의 시민운동단체와 여러 투쟁 현장에 같이 하기도 하고 여러 차원에서 지원을 했죠. 교실 존치 문제가 불거지면서 안산 시민단체들과 유가족들 사이가 멀어진 느낌이랄까, 실망감을 유가족들이 갖기 시작했달까, 그런 것을 좀 느꼈어요. 당시 아버님은 안산 시민단체를 어떻게 보셨는지요?

창현 아빠   시민단체 활동에 대해서는 저는 많이 지지하고 응원하는 편이에요. 그런데 모든 것에 대해서 세월호 가족의 뜻은 다 동의한다는 자체가 잘못된 거겠지만, 어떻게 보면은 교실 존치에 대해서 우리 가족들의 생각과 안산 시민활동가들의 생각과는 조금 차이가 있다고 저는 봐요. 그런데 가족의 욕심이 아니거든요, 좀 전에도 얘기했지만 교육 현장을 보존해서 이런 참사가 또 다시 일어나지 않도록 하는 게 목적이거든요. 거기에 대해서는 의식 있고 활동하고 했기 때문에 이분들이 많이 동조해 줄 줄 알았는데 함께 못 해준 것에 대해서는 지금도 많이 유감으로 생각하고 있죠.

면담자　　　시민운동을 하시는 분들은 같이 활동하는 많은 시민들이 뜻에 따라 운동을 해야 할 거 아니에요? (창현 아빠 : 그렇겠죠) 그런데 안산시민 전반적으로 교실 존치와 관련해서는 찬반으로 갈려진 상태였기 때문에 우리가 잘 아는 시민운동계의 대표적 위치에 있는 사람들이 함께해 온 시민들의 입장을 무시하고 "무조건 교실 존치다" 하고 최전방에서 싸우기에는 어려운 상황이었을 가능성이 높다고 봅니다.

창현 아빠　　　이해를 해요, 이해를 합니다.

면담자　　　그래서 공론을 모아가는 작업을 안산 시민운동단체들이 열심히 했죠. (창현 아빠 : 네) 길게 보자면 안산 시민운동단체의 활동과 연계되어 있는 수많은 시민들이 유가족들과 대립하지 않고 하나가 돼서 잘 나아가는 것이 어찌 보면 당장 교실을 존치하는 문제보다 더 중요할 수도 있지 않겠습니까, 그런 생각은 안 해 보셨어요?

창현 아빠　　　하죠. 그럼요, 하고 있구요. 제가 드리고 싶은 얘기는 뭐냐면 재학생 부모하고 세월호 가족들하고 상당히 반대에 섰었어요. 거기에 보면 학교, 그 당시 학교 운영위원장? 적극적으로 반대를 했죠, 존치에 대해서. 재학생 부모하고 가족들하고 모여서 왜 존치를 해야 하는지, 또 세월호에 대해서 가족들 입장을 좀 들어보고, 또 그쪽의 반대하는 이유도 들어보고, 충분히 의사를 나눈 다음에 그래도 존치에 대해서 반대한다면 저희 가족들도 물러서죠. 똑같아요, 그 시민단체에서도 저희 가족들이 충분히 입장을 더 많이 [설명]하고 가족들이 왜 이것을 요구하는지, 저희 가족들이 요구하는 입장을 듣고, 왜 하는[지] 이유를 제대로 안다면 그분들이 오히려 더 적극적으로 존치를 해야 한다고 운동을 해야죠. 그게 바로 사회운동 아닌가요? 그런데 제가 보기에는 그게 부족했든지 아니면은 존치 이유에 대해서 의식이 조금 부족했다든지, 이런 생각이 들어요.

면담자   생명안전공원을 화랑유원지 오토캠핑장 쪽에 만드는 것과 관련해서도 또 굉장히 시끄러웠는데, 그 과정에서도 거의 비슷한 모습이 재현됐었거든요. (창현 아빠 : 그렇죠) 그때는 어떻게 보셨어요? 때마침 지방선거도 조금 있다가 겹쳐 있었고.

창현 아빠   똑같은 입장이라고 봐요. 교실 존치라든가 [생명]안전공원이라든가 똑같은 맥락이잖아요, 하는 이유가 이런 일이 재발되지 않도록 하는 게 제일 첫 번째 목적이고, 무엇보다도 이런 참사에 대해서 사람들은 시간이 지나면 다 잊잖아요. 잊혀지는 순간에 또 다시 그런 참사는 일어나고, 잊지 않기 위해서 교실 존치도 필요하고 생명안전공원도 만들어야만이 이런 참사가 일어나지 않는 거거든요. 어떻게 보면 우리의 교육이죠, 삶의 교육이고 현장 교육이고. 이런 것을 우리가 계속해서 생각하고 잊지 않고 기억해 야만이 이런 참사가 일어나지 않고, 모든 걸 다 덮어버리면 또다시 이런 아픔이 나한테 찾아오기 때문에, 무엇보다도 자식을 먼저 보 낸 부모들은 너무너무 아프거든요.

그렇기 때문에 나 같은 아픔을 다른 사람이 겪지 않도록 싸우 는 거거든요. 아니, 가족들이 자기 새끼 죽었는데, 뭐 얼마 안 있으 면 5주기가 가까워 오는데 왜 5년 동안 이렇게 싸우겠어요. 싸운다 고 해서, 시위 현장 간다고 해서 누가 나한테 돈 주는 것도 아니고, 태극기부대는 나가면 얼마만큼 준다는 얘기도 있지만, 가족들은 진짜 처절하게 추위와 여름에는 더위와 싸우고 있거든요. 글쎄요, 돈 준다고 싸우라고 그러면 아마 부모님들 하나도 안 나갈 거예요. 이유는 딱 그거잖아요. 자식을 먼저 보내니까 너무너무 아프고, 나 같이 아픈 사람이 더 이상 나오지 않기를 바래서 싸우고 있는 거잖 아요, 그걸 국민들이 좀 알아줬으면 좋을 것 같아요.

면담자   아이를 잃고 더 이상 이런 참사를 겪지 않아야 한다 는 어머님, 아버님들의 확신을 커피 나눠주듯이 세상과 나누고 싶 은 건데… (창현 아빠 : 네) 엄마, 아빠들은 현재 살아 있는 자들, 이 세상 사람들과 나눔을 위해서 처절하게 싸우고 있는데 마치 유가 족들이 이기심으로 교실을 남기려고 하고, 안전공원을 만들려고 하는 것처럼 세상 사람들의 일부 또는 우리와 다른 목적의식을 가 진 어떤 정치집단이나 언론 등이 호도를 하고 있는 거죠. (창현 아 빠 : 그렇죠) 그런 세상에 엄청 서운하지 않으세요?

창현 아빠   많이 서운하죠, 진짜로 많이 서운합니다.

면담자   나누려고 하는데 그거를 호도해 버리니까 그래서 지금 서운하신 거잖아요.

창현 아빠   네, 그렇죠. 자기 이익을 위해서 하다 보면 그게 남들이 알게 되고, 그러면 어떻게 보면 '에이, 재수 없네' 하고 덮어버릴 수 있겠지만, 아까도 얘기했듯이 자식새끼 죽었는데, 아무리 처절하게 싸워도 [우리 아이들은] 돌아올 수 없잖아요. 그런 거라고 생각해요. 참사 전에는 사촌이 땅 샀으면 배 아팠어요, 솔직한 심정으로. 그런데 자식을 먼저 보내고 나니까 이제는 생각이 많이 바뀌었어요. 남이 잘되면 나도 좋아요, 남이 또 잘되기를 바라고 있고, 남한테 조금이라도 내가 살아가면서 도움을 줄 수 있는 그런 삶을 살고 싶어요.

　　　옛날에는 뉴스 보면 사람 몇 명 죽었네, 몇 명 죽었네 해도 '쟤가 잘못했겠지, 에이' 하고 넘어가는데, 지금은 한 사람 한 사람 생명의 소중함을 알고 있고. 태안화력발전소에서 사망한 사람도 있고, 전철역에서 자동개폐기 문 수리하다가 사망한 사람도 있고… 옛날에는 이렇게 사람 한 명 죽어도 시끄럽지 않았거든요, 다 그냥 "쟤가 잘못해서 죽었어" 하고 넘어갔는데, 세월호 참사 후에는 사람들의 생각이 많이 바뀌었다고 생각해요. 한 명 한 명이 내 가족인 것처럼 아파해 주고, 그런 거 보면서 사회가 건전하게 가고 있다고 저는 생각해요. 그런 거 보면 참 우리 아이들의 목숨과[으로 인해] 이런 사회의, 국민들의 인식이 많이 바뀌었다고 생각해요. 그동안 많은 활동가들이 또는 많은 지식인들이 이 사회를 좀 바꾸어 나갔다고 생각하고 있고, 무엇보다도 촛불혁명을 통해서 이제는 제대로 된 대통령이 됐고. 대통령 하나만 바뀌었지 그 밑에 고위 공직자들은 제가 알기로는 거의 그대로 있다고 알고 있어요. 참 그분들이 바뀌어야만이 더 건강한 사회가 되지 않을까 생각이 듭니다.

6
촛불시위와 세월호 인양

면담자　　　　말씀 중에 자연스럽게 촛불 얘기가 나와서 먼저 하고, 이어서 선체 인양 얘기를 나누었으면 하는데요. 촛불시위[에] 처음 나가셨을 때 어떠셨어요?

창현 아빠　　　그때는 사실 사람이 그렇게 많이 모이지는 않았지요? 그때 촛불이 24회까지인가, 나중에 더 했지만 안 빠지고 계속 나갔어요.

면담자　　　　그러면 청계광장 집회 때부터 나가셨어요?

창현 아빠　　　네, 네.

면담자　　　　그게 아마 1회일 거고.

창현 아빠　　　아, 1회 때는 제가 못 간 것 같아요, 1회 때는.

면담자   그러면 광화문 집회부터 나가셨군요.

창현 아빠   예, 광화문에서 했을 때 그때부터 나갔는데 횟수가 지나갈수록 사람들이 계속해서 늘어나고. 진짜로 거기 얼마나 광화문에 많이 모였는지… 화장실을 가야 되는데 사람이 막 걸려서 못 가요, 화장실 가는 데 막 30분씩 걸리고, 거리는 불과 30m도 안 되는데 진짜 걸려서 못가고. 끝나면 나중에 청와대까지 행진을 하잖아요. 세월호 가족들은 주로 청와대 쪽으로 가서 거기서 청운동 동사무소 앞에서 마지막 집회를 하고 다시 광화문으로 왔는데, 진짜 이렇게 많은 국민들이 나와서 함께해 줘서 좋았고. 왜 가족들이 세월호 진실을 밝혀달라고 할 때는… 한편으로는 서운도 했어요, 가족들이 세월호 진실 밝혀달라고 처절하게 싸울 때는 '진짜 왜 같이 동참 안 해줄까?' 그렇게 했는데 나중에 국민들이 광화문에 집결하는 걸 보고 '다 아파했구나' [하는 걸 알게 되었어요]. 물어보면 [시민들도] 아파했는데 단지 여건이 안 맞아서 함께 못 해준 거라고 [하시더라고요]. 그러니까 이제 그동안 국민들한테 많이 서운한 것도 있었지만 많은 국민들이, 그렇게 광화문에 화장실 가는 데 30분씩 걸릴 정도로 많은 인파가 모여서 함께 탄핵을 외치고 할 때가 어떻게 보면 그동안 한쪽 마음의 응어리가 봄에 눈 녹듯이 싹 녹아지고, 한편으로는 진짜 감격스러웠어요. 저렇게 많은 국민들이 함께 나와서 동참해 주고 그런 거 보면서 '그래도 가족들이 포기 않고 끝까지 싸워서 [잘] 했구나' 해서 한편으로는 마음이 뿌듯했죠.

면담자   시민들의 참여가 줄어든 것에 실망감을 가졌는데 촛
불 때 보니까 '아, 세월호에 대한 마음들이 고스란히 시민들의 몸속
에 남아 있었구나' 하는 걸 확인하신 거잖아요. (창현 아빠 : 네) 굉
장히 중요한 지적이라고 봐요. 그리고 그 촛불시위를 통해서 문재
인 정권을 사실 만들어준 거 아닙니까? 그런데 문재인 정권, 어떻
게 마음에 드세요?

창현 아빠   부족하죠.

면담자   그러면 지금도 시민들 마음속에 무엇인가가 남아 있
어서 이 문재인 정권이 더 잘하거나 또는 그다음 정권이 더 성장하
거나 이렇게 발전해 갈 것이라 믿는지 궁금합니다.

창현 아빠   믿어요. 옛날에는 언론을 통제하고 감시하고 했고,
자기 코드에 맞는 사람들을 방송국 사장으로 앉히고 그렇기 때문
에 자기들 입맛에 맞는 뉴스를 내보내고 그랬지만 지금은 정권도
바뀌었고 언론사 사장이라고 해서 자기 마음대로 [방송이나 기사를
내] 보내는 게 아니고 공정하게 보내는, 옛날에 비해서, 지금은 많
이 공정하게 보내고 있고. 나머지 일부는 계속해서 편파적인 보도
를 하고, 오보도 보내고 가짜뉴스도 보내고 있지만 그래도 우리나
라의 대표적인 KBS라든가 MBC라든가 이런 방송, 또 JTBC라든가
이런 방송들이 그나마 공정하게 언론을 하고 있기 때문에 점차적
으로 국민들이 더더욱 많이 올바른 뉴스를 보고 있다고 생각하고
있고. 문재인 정부도 잘못하면 당연히 지탄을 받아야죠. 잘못한 것

도 있겠지요, 대통령이라고 해서 모든 걸 다 제대로 할 수는 없겠지요, 때로는 국민들에게 반하는 정치도 할 수도 있고. 그러면 국민들이 두 눈 부릅뜨고 더 잘할 수 있게끔 올바른 길로, 국민들이 무엇을 원하는지 그것을 때로는 알려줄 필요가 있다고 생각해요. 어떻게 보면 시위가 하나의 방법이 되지 않을까 생각이 들기도 하구요.

면담자　　근데 정권이 바뀐 지 벌써 한참 됐거든요?

창현 아빠　　2년이 지났죠.

면담자　　진상 규명을 위해 제2특조위가 움직이고는 있지만 제1특조위와 뭐가 그렇게 다를까 하는 의심, 그다음에 생명안전공원도 우리가 생각했던 것보다는 너무나 진척이 되지 않는 상황들….

창현 아빠　　참 늦은 것 같아요, 참 더디 가는 것 같아요.

면담자　　새 정권이 만들어졌음에도 불구하고 2년간 세월호와 관련된 어머님, 아버님들의 바람은 거의 이루어지지 않고 있다고 해도 과언이 아닌데, 거기에 대한 실망은 없으셨어요?

창현 아빠　　왜 없어요, 실망 많죠. 제가 아까도 얘기했지만 대통령만 바뀌었지 밑에 있는 사람들은 뭐, 장차관이야 대통령이 임명하니까 그렇겠지만 그 밑에 있는 [실무현장의] 권력을 가진 사람들, 그분들은 아마 거의 변화가 없이 그 요직에 있기 때문에 쉽지가 않을 것 같아요, 밝히는 데서. 꾸준히 지지해 주고 감시하고 조금 더 더 가더라도, '계속해서 우리는 지켜보고 있다'라는 것을 그들한테 보여주면 더디 가더라도 언젠가는 밝혀지지 않을까, 계속해서 응원과 지지를 해줘야만이 한 발 더 나갈 수 있지 않을까 생각이 듭니다.

면담자   진상을 규명하려면 10년 이상 기다려야 될지도, 더 걸릴지도 모르고, 생명안전공원도 빨라야 2021년 예상하고 있는 거죠. (구술자 : 네, 네) 그러니까 이게 너무 길단 말이죠, 당사자들에게. 그런 거는 어떻게 인내하세요?

창현 아빠   저는 사실 서두르지 않아요. 창현이가 지금 화성 효원[납골공원]에 있는데 마음 같아서는 내일이라도 [생명안전공원을 만들어 거기에] 갖다 놓고 싶죠, 모든 부모님들이 제일로 많이 거기에 대해서 조급해하시는 것 같아요. 그렇지만 저 같은 경우는 조급함이 오히려 망칠 수 있다고 생각하거든요. 초창기 때 많이들 올라오면서 그 당시에도 어느 부모님은 저기 와동에 있는 쪽빛공원[꽃빛공원]인가 거기에 [아이들을 위한 추모공원을] 만들자는 얘기도 있었거든요. 미국에 이런 참사 이후 [조성된 공원이 있는데] 거기도 많은 시간이 지나면서 더 멋지게 지은 [짓지 않았어요?] 멋지다는 표현이 좀 그렇지만 더 많은 국민들한테 보여주고 함께할 수 있는 그런 좋은 공원이 될 수 있도록 서두르지 않고, 좀 더 아름다운 그런 공원을 좀 만들고 싶어요, 제 생각에는. 그래서 너무 조급해하지 않았으면 좋을 것 같아요.

왜냐하면 '진실이 더 확실히 밝혀지면, 부모님들이 요구하는 게 아니고, 아마 진실이 밝혀지면 국민들이 원할 거다', 저는 생각하거든요. 그래서 진실이 먼저 밝혀지고 국민들에게 더 크게 더 많은 사람들에게 알릴 수 있는 공원이 됐으면, 사실 저는 바래요. 물론 저와 생각이 다른 부모님들도 계시겠지만 저는 오히려 진실이 밝혀진 다음에 이 삽을 떠도 좋다고 생각하거든요. 진실이 안 밝혀진 상태에서 이거를 하면 많은, 지금도 많은 반대하는 시민분들이 계시잖아요. 진실이 제대로 안 밝혀졌기 때문에 어떻게 보면 반대의 목소리도 계속 나오거든요. 그래서 '이 세월호 참사에 대해서 명확하게 진실이 밝혀진다면 그분들이 오히려 더 지지를 하지 않을까' 이런 생각이 듭니다.

면담자   인양 얘기 좀 여쭙겠습니다. 상하이샐비지가 인양 주관사로 선정됐고, 인양을 시작했는데 엄청 시간이 걸렸어요. (창현 아빠 : 그렇죠) 그리고 실제로는 촛불시위가 계속되고 정권이 바뀔 것이 확실시되는 어느 시점에 갑자기 배가 쑥 올라와 버렸단 말이죠. 그래서 인양 과정 전체에 대해서 아버님의 소감을 좀 들어보고 싶습니다.

창현 아빠   인양업체 자체 선정 과정부터 계속해서 가족들이 의심도 많이 들었고, 중국 상하이샐비지가 인양업체로 선정된 것도 가족들은 이해가 안 됐고. 정부 입장에서는 경제적으로 그쪽을 선택했는데 그걸 저희들은 그렇게 안 보거든요. 가족들이 참여할 수 없게끔 만들어놓고, 접근도 못 하게 하고 있고, 좀 투명하게 이런 선정이라든가 인양을 했으면, 지연된다든가 그러면 가족들이 이해를 했을 텐데 다 배제를 했거든요. 그렇기 때문에 인양 시기가 그렇고 늦는 것도 그렇고, 모든 것을 저희들한테 투명하게 하나씩 하나씩 다 공개를 해줬으면 정부에 대해서 믿고 공감해 주고 따랐을 텐데, 철저하게 가족들을 방해[배제]를 했거든요.

그랬으니까 가족들이 동거차도에 가가지고 산꼭대기에서 망원경 가지고 어떤 작업을 하고 있는지 감시를 했고… 그것도 가족들이 순번대로 돌아가면서 계속해서 24시간, 인양될 때까지 그걸 감시를 했는데요. 저는 처음부터 인양은… 계획은 안 할라고 했다고, 그 청와대 캐비닛 문건에서도 나오듯이 인양 자체에 정부는 관심이 없었어요. 저도 처음부터 안 할 거라고 믿었어요. 그러면서 이제 처절하게 가족들이 싸웠죠, 인양을 하라. 그러니까 박근혜 정부가 그때 어느 시기에서인지 "인양을 한 번 검토해 봐라" 그 한마디, 그때가 5월 달[2015년 2월]이었던 것 같은데, 그 한마디에 바로 해수부에서 "인양할 수 있습니다"하면서 이제…. 겉으로는 인양을 하는 척했지만 속으로는 인양을 하고 싶은 생각이 전혀 없었다고 저는 생각해요.

그다음에 정권이 바뀌면서 갑자기 배가 쑥 올라왔잖아요. 세월호가 이제 옆으로 누워진 상태 그대로 인양했잖아요. 많은 전문가들 얘기 들어봐도 많은 시간 안 걸릴 거라고 얘기를 하더라고요.

그리고 제대로, 세월호가 누워 있으면 직립해서 올라와야만이, 올라와서도 이런 수색이라든가 사고 원인이라든가 밝힐 수 있었는데 누워서 왔기 때문에 수색도 사실 힘들었고 시간도 더 많이 걸렸고 그렇게 됐거든요. 세월호가 그때 인양돼서 올라올 때 저도 목포 가가지고 같이 지켜봤는데요, 시간이 너무나 많이 걸렸으니까 세월호 겉에 뭐라고 해요? 조개껍데기 같은 거 막 다 달라붙어 있고, 다 망가지고 눕혀져 있어 가지고 사고 원인도 밝힐 수 없고, 수도 없이 인양하기 위해서 구멍도 내고 파공도 했고. 그게 사고 났을 때 파공인지 작업하다가 파공인지도 지금은 시간이 많이 지나서 알 수 없게끔 만들어놓고, 증거물도 많이 훼손했다고 저는 생각하고 있구요, 그렇게 생각하고 있거든요.

면담자　　아버님 말씀대로 세월호가 누워 있는 상태에서 선체조사위 활동이 실질적으로는 종료가 됐어요. 그러니까 선체를 조사하기에도 좀 한계가….

창현 아빠　　어려워요.

면담자　　선체조사위 활동 전체에 대해서는 좀 어떻게 보셔요? 그러니까 위원들에 대한 이야기, 선체조사위에 의해서 조사된 사항들에 대한 얘기, 굉장히 특이한 형태로 나온 최종 조사보고서까지, 이런 부분에 대해서 아버님의 생각을 말씀해 주시죠.

창현 아빠　　글쎄요, 누워져 있었기 때문에 또는 많은 시간이 지나서 세월호가 올라왔기 때문에 과학적으로는 사고 원인에 대해서 밝혀내기는 사실 쉽지가 않을 거라고 생각했어요. 그리고 의지도, 어떻게 보면 철저하게 밝히려고 하는 분들도 있을 거고, 오히려 반대로 정부 측에 의해서 진실을 밝히는 데 걸림돌 되는 그런 위원도 있을 거라고 저는 생각해요. 저는 세월호 다큐, 김지영 감독의 침몰 원인에 대한 영화[〈그날, 바다〉]도 봤고 시사회도 갔고 했지만 거기에 대해서 오히려 더 많은 믿음이 가고 있거든요. 세월호 선체보고서도 제대로 기억이 안 나지만 정부 측 안대로 보고도 나왔고, 아니면 그 반대편에 대해서도 보고서도 나온 걸로 알고 있는데, 어떻게 보면 과학적으로 밝힐 수 있는 것이 그 당시 눌혀져서 조사했기 때문에 밝힐 수 있는 것에 한계가 있었지 않았나, 그런 생각이 들고. 좀 많이 미미했다고 저는 생각을 합니다.

면담자　　　　지금 사참특위에서 조사를 또 진행하고 있죠. 그러니까 1기 특조위, 어찌 보면 선체조사위원회가 2기 특조위, 이번에 사참특위가 3기 특조위일 수 있는데, 수사권이나 기소권이 없는 상태에서 한계가 명백하긴 하지만 나름대로의 진전이 있기를 모두가 기대를 하고 있는 것 같아요, 아버님도 그렇고 저도 그렇고.

창현 아빠　　　　그럼요, 정권이 바뀌었고. 그 당시에는 정부 측에서 계속해서 세월호의 진실을 밝히는 데 방해했다면 정권이 바뀌었기 때문에 정부 측에서도 철저하게 진실을 밝히는 데 대해서 적극적으로 나서지 않을까, 그래서 많이 기대를 하고 있죠.

7
명예졸업식에 대한 생각

면담자　이게 마지막 질문일 것 같습니다만, 최근에 굉장히 상징적인 일이 있었는데, 우리 아이들을 졸업시켰어요. 명예졸업식이 얼마 전에 있었죠. 아버님은 어떠셨어요?

창현 아빠　글쎄요, 명예졸업식에 대해서는 그나마 늦었지만 잘 됐다고 생각하고 있구요. 또 제적처리 돼서 졸업식도 못할 뻔 했는데 제적처리를 다시 환원시켜 가지고 아이들이 없는 상태에서 부모님들이 졸업장을 받고 했지만… 많이 사실 너무 아팠어요. 그곳에 앉아 있는 자체도 많이 힘들었고(한숨) 이재정 교육감이 나와서 얘기할 때도 또는 교장이 나와서 얘기할 때도 사실 너무 싫었구요. 그나마 교육부장관 유은혜 장관이 와가지고 얘기할 때는 좀 많이 함께 아파해 주는 모습, 눈물을 훔치고 이런 모습 보면서, 글쎄요, 우리한테 말이 주는 그런 메시지보다는 유은혜 장관의 그 눈물 몇 방울이 저희 가족들한테는 더 큰 위안이 되지 않았나 이런 생각이 들구요. 그나마 훌륭하신 그런 장관 분이 교육부장관에 있으니까 교육에 대해서는 많이, 그래도 좋아질 거라고 저는 생각하고 있습니다.

면담자　아이들은 교육을 받다가, 그것도 심지어는 입시교육, 그리고 결국에는 가만히 있으라고 강요하는 교육을 받다가 하늘나라로 갔는데, 교육과 관련된 그 어떤 문제도 해결하지 못한 상태에서 아이들과 우리는 학교를 떠나는, 교육 현장을 떠나는 듯한 느낌을 제가 받아서… 저는 명예졸업식 소식을 듣고 '이렇게 아이들을 졸업시킬 수 있구나' 하는 안도감과 더불어서 많은 아쉬움이랄까, 그런 게 동시에 남더라구요. 아버님은 어떠셨어요?

창현 아빠　　　그렇죠. 그동안 어떻게 보면 세월호 진실을 밝히는 데 대해서도 교육부, 특히 선생님들 내에서도… 저희들 한편으로는 생존한 선생님도 계시거든요. 이 사고가 왜 일어났는지에 대해서, 아니면 그 당시에 같이 배에 있었기 때문에 세월호에 대해서는 상황을 잘 아실 거라고 믿거든요. 거기에 대해서 있는 그대로 많이 얘기를 했어야 하는데 그렇지 않고 덮어버린 것, 그런 것들이 학교에서는 좀 서운했고, 그동안 거기에서 많이 투쟁도 했었고…. 학교를 졸업해서 더 이상 학교에 갈 일이 없죠? 없지만 우리 아이들이 그 학교를 명예졸업이지만 했다는 그 자체, 글쎄 뭐 단원고… 글쎄요, 뭐라고 얘기해야 할지, 그냥 착잡해요.

8
앞으로의 삶에 대한 바람

면담자　　　앞으로 어떤 활동을 주로 하고 싶은지, 합창단 등을 통해서 어떤 활동이 더 진전이 되었으면 하는지, 이런 얘기를 모아서 마지막 발언을 해주시면 어떨까 싶습니다.

창현 아빠   참사 전에는 그냥 하루하루 살아가는데 진짜 정신없이 산 것 같아요. 한 달 돈 쓰고 나면 카드값 메꾸는 데 너무 시간이 없기 때문에 진짜로 일하고 자고 일하고 자고 그 일밖에 하질 못한 것 같아요. 그렇지만 지금은 세월호 참사 그 아픔을 겪었고, 예전에 그런 삶이 아니고 전혀 다른 삶을 살고 있다고 생각해요. 시위 현장에도 한 번 안 가본 사람이 시위 현장에 가고, 4·16합창단을 통해서 많은 사람들 앞에서 공연도 하고, 왜 우리가 이 무대에 서고 왜 세월호에 대해서 진실을 밝혀야 하는지, 또 약자들 아픈 자들과 함께 연대해서 살아가고 있고 싸우고 있고…. 이런 삶을 제가 언제까지 할지 모르겠지만 그런 삶을 통해서, 현장을 통해서 계속 살아갈 수밖에 없다고 생각해요. 그래서 친구들과도 지금은 생각 자체도 많이 틀리고, 제가 변했겠죠, 사회에 대해서. 그전에는 오로지 한 달 한 달 벌기 위해서 삶을 살았다면 지금은 그런 삶이 아니고 생명의 존중, 소중함을 알고 또는 그 약자들에 조금이라도 힘이 되고자 하는 삶, 이런 노래를 통해서 조금이라도 아픈 사람들 위로가 될 수 있는 그런 삶, 그런 삶을 살면서 이 사회가 조금 건전하게 바뀔 수 있는 계기가 되는 삶을 살지 않을까, 그런 생각을 하고 있습니다.

면담자   아버님, 긴 시간 감사드립니다.

창현 아빠   네, 고맙습니다.

4·16구술증언록 단원고 2학년 5반 제2권

그날을 말하다 창현 아빠 이남석

ⓒ 4·16기억저장소, 2019

기획 편집 4·16기억저장소 ┊ **지원 협조** (사)4·16세월호참사가족협의회
펴낸이 김종수 ┊ **펴낸곳** 한울엠플러스(주)
초판 1쇄 인쇄 2019년 4월 1일 ┊ **초판 1쇄 발행** 2019년 4월 16일
주소 10881 경기도 파주시 광인사길 153 한울시소빌딩 3층
전화 031-955-0655 ┊ **팩스** 031-955-0656 ┊ **홈페이지** www.hanulmplus.kr
등록번호 제406-2015-000143호

Printed in Korea.
ISBN 978-89-460-6743-1 04300
　　　978-89-460-6700-4 (세트)
* 책값은 겉표지에 표시되어 있습니다.